KB129394

이상한 논문

이상한 논문

ヘンな論文

산큐 다쓰오 지음
김정환 옮김

꼼지락

일러두기

이 책에 실린 주석 중 '원주'의 경우 해당 주석 앞에 (원주)로 표시했다.
그 외의 주석은 모두 옮긴이 주이다.

안녕하십니까? '진기한 논문 수집가' 산큐 다쓰오입니다. 평소에는 고메쓰부샤쿄라는 이름의 만담 콤비로 활동하는 코미디언입니다. 오피스 기타노라는 사무소에 소속되어 있으니 앞으로 많은 성원 부탁드립니다.

저는 18세부터 32세까지 14년 동안 와세다 대학에서 공부했습니다. 대학 학부 5년에 석사 과정 3년, 박사 과정 6년, 이렇게 14년입니다. 고양이의 평균 수명*과 맞먹는 기간 동안 대학을 다닌 셈이지요. 제 전공은 일본어학입니다. 개인적으로는 그중에서 문체론, 표현론이라는 영역에 속한다고 생각하지만 뭐 그리 중요한 문제는 아니고, 코미디의 수사학을 연

---

* 집고양이의 평균 수명은 15~16년 정도로 알려져 있다. 그러나 길고양이의 평균 수명은 2~3년으로 매우 짧다.

구하는 몇 안 되는 학자이기도 합니다. 지금은 히토쓰바시 대학에서 비상근 강사 등으로 일하면서 입에 풀칠을 하고 있는데, 이렇게 코미디언 겸 연구자로 생활하는 사이에 언제부터인가 이상한 논문을 수집하기 시작했습니다.

대학 도서관에서 제 연구와 관련이 있는 논문을 찾다 보면 제가 원하는 논문이 실린 잡지에 이상한 논문이 함께 실려 있는 경우가 있습니다. 〈귀인의 딸을 키우는 법〉이라든가, 〈"뭘 불평을 하는 거야!"의 짜임에 대해〉**와 같이 제목만으로도 강렬한 인상을 주는 논문을 심심치 않게 발견하지요. 그러는 사이에 다른 잡지에는 어떤 논문이 실려 있을지 궁금해져서 제 연구 영역뿐만 아니라 도서관에 있는 모든 논문지를 샅샅이 훑어보고 '아니, 이런 것에 인생의 귀중한 시간을 할애한 사람이 있다니!'라며 전율을 느끼는 취미를 갖게 되었습니다.

그래서 이 책을 통해 그런 제 수집품, 이그노벨상이 아니라 개인적으로 선정한 '으이그 노벨상' 수상 논문을 몇 편 소

---

* 《겐지 이야기》의 등장인물인 스에쓰무하나와 오미노키미를 중심으로 이들을 어떻게 키웠는지를 고찰한 논문이다.
** 생활 속에서 사용되는 이른바 '이중 목적어 구문'에 관한 논문으로 보인다.

개하려 합니다. 아마 살면서 이런 연구 논문을 볼 기회는 그리 많지 않을 것입니다. 그리고 오늘도 어딘가에서 누군가는 이런 연구를 하고 있겠지요. 그러면 지금부터 존댓말은 생략하고 엄숙하고 진지하게 논문을 소개하도록 하겠습니다.

차
례

첫 번째 논문
'세상 이야기'의 연구

〈기인론 서설: 그 시절에는 '가와라마치의 줄리'가 있었다〉
이쿠라 요시유키, 2004년, 《세상 이야기 연구》 제14호

충격의 논문지 《세상 이야기 연구》

제일 먼저 소개하고 싶은 논문은 이쿠라 요시유키 씨가 2004년에 발표한 〈기인론 서설: 그 시절에는 '가와라마치의 줄리'가 있었다〉이다. 이 논문은 《세상 이야기 연구》제14호에 실렸다.

어라? 잠깐만. 논문도 논문이지만 잡지 제목이 뭐? 《세상 이야기 연구》라고!? 이거 대박인데!? 세상에 '세상 이야기'를 연구하는 사람들이 있다니! 나는 다리에 힘이 풀려 털썩 주저앉고 말았다. 잡지의 제목을 보니 '2번지에 사는 다나카 씨의 불륜 의혹에 관해서'라든가 "이웃집에 사는 도모 군이 대학에 떨어지고 옆 마을의 슈퍼마켓에서 아르바이트를 하다가 한때 불량소녀였던 아이와 사귀었는데, 시너를 흡입하다가 경찰한테 들켜서 혼이 났대" 같은 내용이 상상이 되었다.

그래도 '에이, 설마 그런 내용이겠어?'라고 생각하면서 잡지를 펼쳤더니, 쓰치노코*라든가, 하리마우**라든가, 문어가 육지로 올라와 밭을 망친다는 소문이라든가, 여우에게 홀린 이야기 등을 수집하는 데 인생의 귀중한 시간을 할애하는 것을 삶의 보람으로 여기는 연구자들의 고군분투 속에서 탄생한 연구들이 즐비한 것이 아닌가! 믿기 어렵지만 엄연한 사실이다. 믿는 수밖에 없다. 상상의 나래를 활짝 펴는 내용! 쓰치노코 소문의 연구자는 신문에 '쓰치노코가 발견되었다!?' 같은 기사가 나올 때마다 충격을 받는다고 한다! '도라에몽의 최종회'***에 관한 소문을 연구하는 사람도 있다!

이 잡지는 존재 자체가 '인생과 마주하는 시간의 소중함' 같은 정론의 어리석음을 비웃는 유쾌한 연구의 집대성 같은, 남아도는 시간을 주체하지 못하는 신들의 장난감 같은 논문

* 몸길이가 매우 짧고 굵은 뱀처럼 생긴 미확인 생물.
** 본명은 다니 유타카. 말레이시아에서 도적단을 결성해 활동했고, 제2차 세계대전 당시 일본군의 첩보원으로도 활동했다. 도적이었던 까닭에 막대한 보물을 숨겨놓았다는 설정으로 애니메이션과 영화가 제작되기도 했다. 하리마우는 마인어로 '호랑이'라는 의미다.
*** 〈도라에몽〉은 작가 후지코 F. 후지오가 사망함에 따라 미완결인 채로 남았는데, 이 작품의 결말이라고 주장하는 다양한 글이 인터넷에 유포되어 있다. 가령 도라에몽을 만든 사람이 미래의 진구라든가, 모든 이야기는 교통사고를 당해 식물인간이 된 진구의 꿈이라는 결말은 전부 지어낸 이야기다. 이와는 별도로 후지오가 직접 그린 도라에몽의 최종회가 실제로 세 편이 존재하지만, 공식적인 최종회는 없다.

집인 것이다. 어디서 발행한 것인지 궁금해 발행자를 보니
'세상 이야기 연구회'다. 뭐야, 정보가 조금도 늘어나지 않았
잖아! 그런 모임이 있다는 이야기는 수업 시간에 들어본 적
이 없다고! 도대체 어느 동네 빨래터야? 발행자를 조사해보
니 20년 이상 그럭저럭 지속되고 있는 조직이었다. 나는 '이
런 비밀결사가 있다는 이야기는 금시초문인데……'라고 생
각하면서 연구 논문들을 닥치는 대로 읽어보았다. 그리고
'다들 불황이라고 난리인데, 이런 사람들이 있는 걸 보니 일
본은 아직 살기 좋은 나라네'라고 느꼈다.

각설하고, 먼저 '세상 이야기'란 무엇인가에 대해 설명하
자면, 이것은 일본 문학에서 엄밀히 정의되어 있는 장르다.
아는 사람도 있을지 모르지만, 세상 이야기는 노변담화 같은
것이 아니라 '옛날이야기' '설화' '전설' 등과 함께 구승문예
의 한 장르다. 화자가 있는가 없는가, 등장인물을 특정할 수
있는가 없는가, 사실인가 아닌가 등이 각 장르를 구분하는 기
준이어서, 가령 장소나 등장인물이 모호한 이야기는 '옛날이
야기("옛날 옛적 한 나라에……"로 시작되는 형식)', 특정인(우시와
카마루* 라든가……)이 등장인물이지만 사실인지 아닌지 의심

---

* 헤이안 시대 말기의 무장인 미나모토노 요시쓰네의 어린 시절 이름.

쩍은 이야기는 '전설', 화자 본인이 실제로 경험한 이야기는 '세상 이야기'로 분류된다고 한다. 그런데 이웃집에 사는 도모 군을 누구나 특정할 수 있는 인물로 보아야 하나?

그리고 '세상 이야기 연구회'의 사람들이 하는 일은 그런 '세상 이야기'의 유형(이야기의 형태)이나 이야기가 전개되는 패턴 등을 분석해 '옛날이야기' '설화' '세상 이야기'라는 연속적인 장르 속에 공통되는 '이야기'의 성립 방식을 규명하는 것이라고 한다……지만, 이것은 어디까지나 명목일 뿐이고 실제로는 그저 그런 이야기를 미치도록 좋아하는 사람들일 것이다. 학자는 대체로 그런 사람들이다. 태초에 '하고 싶은 것' '알고 싶은 것'이 있었고 여기에 그럴 듯한 이유를 끼워 맞추는 참으로 귀여운 족속인 것이다. 하지만 그런 핑계라도 없으면 "다 큰 어른이 뭐하는 거예요!"라고 아내나 부모님, 대학 관계자들에게 혼이 날 때 할 말이 없다. 잠깐, 그러고 보니 이건 '세상 이야기 연구회'에 따른 세상 이야기, 그러니까 잡담이 아닌가? 지극히 아무래도 상관없는 이야기를 하느라 독자 여러분의 귀중한 시간을 빼앗아 면목이 없다.

어쨌든, 이 〈기인론 서설〉은 문헌과 인터넷 등을 이 잡듯이 뒤져서 교토의 가와라마치 또는 산조오하시라는 곳에 있었다고 하는 전설적인 노숙자, 일명 '가와라마치의 줄리'에 관한 소문을 조사한 논문이다. 분량은 무려 30쪽에 이르고, 심지어 권말 자료까지 첨부되어 있다. 잡지 논문에 이 정도 분량은 파격적이라고 해도 과언이 아니다. 보통은 12쪽 정도로 정리하라는 규정이 있기 마련인데,《세상 이야기 연구》는 자유도가 높다. '열정'을 발산할 수 있는 잡지인 모양이다. 아마도 '규정은 지켜야 하지만 그래도 줄리에 관한 논문이라면……'이라면서 과감히 30쪽에 이르는 장대한 논문을 썼으리라.

　그런데 '가와라마치의 줄리'란 대체 무엇일까? 1970년대에 교토의 가와라마치라는 곳에는 사와다 겐지* 씨를 닮은 잘생긴 얼굴에 허리까지 내려오는 드레드록스(레게 머리) 헤어스타일을 하고 검은 옷을 입은 때투성이의 카리스마 넘치는 노숙자가 있었다고 한다. 그가 바로 '가와라마치의 줄리'다.

──

* 일본의 가수이자 배우, 작사, 작곡가. 별명은 줄리인데, 남성임에도 이런 별명이 붙은 이유는 〈사운드 오브 뮤직〉으로 유명한 배우 줄리 앤드루스의 열렬한 팬이기 때문이라고 한다. 즉, '가와라마치의 줄리'는 '가와라마치에 사는 줄리(사와다 겐지)를 닮은 사람'이라는 의미다.

요코하마에 있는 일명 '메리'라는 여성의 발자취를 추적한 〈요코하마 메리〉라는 다큐멘터리 영화가 얼마 전에 상영되었는데, 이렇게 내력은 알 수 없지만 그 주변 사람들이라면 모두 알고 있는 이른바 '명물' 같은 사람이었다고 한다. 실제 인물인지 궁금해 교토 근방에서 태어난 지인 10여 명에게 물어보았더니 모두가 '가와라마치의 줄리'를 알고 있었다. 현재 30대 후반이 된 사람들 중에는 모르는 이가 없는 유명인이었던 모양이다. 그 가와라마치의 줄리 씨는 이미 고인이 되었는데, 세상을 떠났을 때 신문에 기사로 실렸을 정도라고 한다.

이쿠라 선생은 단순히 '가와라마치의 줄리'에 관한 소문을 모으는 데 그치지 않고 학자답게 줄리에 관한 소문을 22항목에 걸쳐 정리했다. 이것이 바로 '진지한' 어른의 위엄이다. 그 항목을 살펴보면 '호칭' '활동 시기' '활동 장소' '거주지' '머리카락과 수염' '체격' '분위기 (+) (−)' '행동 (+) (−) (±0)' '소식' '사망 보도' '입욕 사망설' 등등이다. 아니, 입욕 사망설은 대체 뭐지? 게다가 활동 시기에 활동 장소라니, 왠지 거리 예술가를 다룬 논문 같은 느낌이…….

어쨌든 그렇게 정리한 결과, '사실은 의외로 젊고 미남임, 모 일류 대학 출신, 과거에는 사장, 부잣집 자제, 구걸은 하지 않는다, 저금해놓은 돈이 1억 엔 정도 있지만 세상의 무상함을 깨닫고 자진해서 노숙을 하고 있다' 등 도무지 노숙자에게는 어울리지 않는 배경 설정이 있는 것이 아닌가! 아무래도 그를 성자처럼 여겼던 모양이다. 심지어는, '줄리가 지나간 곳에서는 화재가 일어나지 않는다, 줄리를 만나면 조만간 좋은 일이 생긴다'와 같이 사람이 아니라 거의 신처럼 취급하는 소문까지 있었다. 참고로 입욕 사망설이라는 것은 복지과 직원이 그를 목욕시킨 뒤에 머리를 풀어놓는 바람에 드레드록스라는 보온 수단을 잃어버려 얼어 죽었다는 '산발 사망설'이었다.

그리고 본론은 여기부터다. '가와라마치의 줄리'에 관한 소문을 정리하면 거의 전부가 '선인仙人 같은, 철인 같은 풍격'을 이야기하는데, 이렇게 무엇인가 특별한 아우라가 있다는 것이 이런 식으로 '그 지역 사람이라면 누구나 아는 명물'이 된 인물의 공통점이라는 주장이다. 흔히 소문에는 '살'이 붙는다고 하는데, 그 '살'이 붙는 방식에는 역시 유형이 있다는 것이다.

소문에는 "사실은……"이라는 전제가 붙기 때문에 겉모습과는 상당한 괴리가 있는 내용이 많다. 요컨대 행색이 노숙자이기에 '사실은' 그 반대, 예컨대 부자라든가 지식인, 자부심이 강한 사람이라는 내용이 가치를 발한다. 그리고 충격적인 소식으로서 입에서 입으로 전파된다.

이 논문은 총 2장으로 구성되어 있고, 제1장의 제목은 "기인들의 연구", 제2장의 제목은 "'가와라마치의 줄리'를 둘러싼 모험"이다. '줄리를 둘러싼 모험'이라니……. 또한 제2장은 "(a) 줄리를 쫓아서" "(b) 줄리를 묘사하는 말들" "(c) 그리고 '전설'로" "(d) 전자 나라의 줄리"라는 네 개의 절로 구성되어 있다. 그야말로 줄리의 팬임을 대놓고 드러내는 구성이다. 목차만 보면 완전히 사와다 겐지의 팬이다.

이 논문이 30쪽이나 되는 거대 장편이 된 이유는 본편 13쪽 외에 20개에 이르는 주석과 인용·참고 문헌, 12쪽 분량의 '자료'가 첨부되어 있기 때문인데, 사실은 이쪽이 오히려 메인 디시라고 할 수 있다. 이 가운데 '주14'에는 중대한 지적이 있다.

여기에서 말한 "커다란 의미에서의 '이야기 형식'"에 관해 자세히 기술하기에는 지면이 부족하지만 간단히 언급하고 넘어가도록 하겠다. '거지로 변장한 권세자'는 호조 도키요리의 회국回國 전설*이나 미토 고몬 만유기** 등 반복적으로 나타나는 '이야기 형식'이라고 할 수 있다. '몰락한 부호'로

---

* 가마쿠라 시대 중기의 권력자였던 호조 도키요리가 만년에 신분을 숨기고 각지를 여행하며 민정을 시찰했다는 이야기.

는 기노쿠니야 분자에몬***의 일화가 유명하다. 현대에도 버블 경제기에 급속히 성장했다가 거품 경제의 몰락과 함께 파산한 기업의 이사나 악덕 상법 또는 독직 등으로 한때 잘나가던 인물의 복역 중/출소 후 모습을 전하는 기사 등이 이 '이야기 형식'을 사용한다. '속세를 초월한 청빈한 성인·철인'도 고보 대사+ 전설을 비롯해, 마쓰오 바쇼++나 히다리 진고로+++ 등을 주인공으로 한 '사람들에게 업신여김을 당하던 지저분한 노인이 탁월한 솜씨를 선보여 주위를 놀라게 하는' 이야기에서 발견할 수 있다. 또한 최근에는 아시야 간노스케가 화가 야마시타 기요시를 연기한 텔레비전 드라마 〈벌거벗은 대장 유랑기〉가 이 '이야기 형식'을 이용하는 등, 실로 뿌리 깊게 사랑받는 '이야기 형식'이다. '모든 것을 포기한 영달자榮達者'는 불교 설화인 발심담發心譚과 같은 유형의 '이야기 형식'인데, 현재 유행하고 있는 에코 라이프·슬로 라이프를 소개하는 기

***미토 고몬은 에도 시대에 미토 번의 번주였던 도쿠가와 미쓰쿠니의 별명으로, 미토 고몬 만유기는 그가 신분을 숨기고 각지를 돌아다니며 탐관오리를 벌준다는 이야기다. 드라마로도 매우 유명한데, 이야기의 구조가 암행어사 이야기와 유사하다.
*** 에도 시대의 상인. 전 재산을 들여 화폐 제조 사업에 뛰어들었다가 실패해 재산을 모두 잃고 거지와 다름없는 생활을 했다는 이야기가 전해진다.
+ 법명은 구카이. 일본의 불교 종파인 신곤슈의 창시자다.
++ 에도 시대의 하이쿠 작가. 일본 역사상 최고의 하이쿠 작가로 평가받는다.
+++ 에도 시대에 살았다고 하는 전설적인 조각가. 도쿠가와 이에야스를 신으로 모시는 닛코 도쇼궁의 유명한 '잠자는 고양이' 조각이 그의 작품이라고 전해진다.

사 등에서 자주 볼 수 있는 '바쁜 도시 생활에 지쳐 인간다운 생활을 찾아 시골 생활을 시작한 아무개 씨' 또한 이 '이야기 형식'이라고 할 수 있다. (68쪽 '주14')

　어떤가? 이제 드디어 이 논문이 무엇을 말하고 싶은지 짐작이 간다. 사람은 알지 못하는 것이나 헤아릴 수 없는 것을 어떻게든 '이야기'로 만들어서 이해하려 한다. 그렇게 일탈적인 것, 이질적인 것을 이야기할 때 사용하는 여러 패턴의 안정된 '이야기의 형식'이 오래전부터 확립되어 있었다는 말이다. 바로 여기에 이 논문의 '인간이란 무엇인가?'를 생각하는 자세가 있다.

　흥미로운 점은 또 있다. 이쿠라 요시유키 씨의 이 논문은 2004년에 발표되었는데, 인터넷에 올라온 '줄리'에 관한 이야기가 데이터로 수록되어 있다는 사실이다. 그전까지 입에서 입으로 전해졌던 '세상 이야기'가 2000년대부터는 인터넷을 통해 확산되기 시작했고 채취할 수 있는 형태로 문서화되어 남아 있는 것이다.

그런데 이 이야기에는 후일담이 있다. 나는 이 논문을 TBS 라디오의 〈아라카와 교케이 데이 캐치!〉라는 방송에서 소개하려고 했는데, 마침 그날 스튜디오에서 같은 방송에 해설자로 출연한 야마다 고로 씨와 만났다. 그날도 야마다 씨가 늘 그렇듯이 인사를 겸해서 "오늘은 뭘 할 건가?"라고 물어보기에 나는 "오늘은 가와라마치의 줄리라는 기인을 연구한 논문을 소개하려고요"라고 대답했다. 그랬더니 야마다 씨가 "뭐!?"라며 깜짝 놀라는 것이었다. 나는 야마다 씨도 교토 출신이라서 가와라마치의 줄리를 아는가 보다 싶어 "역시 알고 계시나요?"라고 물었는데, 놀라운 대답이 돌아왔다.

"알다마다. 줄리를 해부할 때 우리 누님이 입회하셨거든."

"네!?"

이야기를 들어보니 교토의 의대에 있던 야마다 씨의 누님이 사망한 줄리의 시신 해부에 입회했다고 한다. 세상에 이런 인연이 있을 줄이야……. 조사를 하다 보면 이런 정보가 자석에 달라붙는 사철처럼 모여든다. 지금까지 간사이 지역, 특히 교토 근교에 살았던 친구와 지인들에게 줄리에 관해 물어보고 다녔지만 이렇게까지 놀라운 증언은 없었다. 물론 가와라마치의 줄리는 근처에 살았던 사람이라면 모르는 이가 없는 유명인이었지만, 줄리의 알몸을, 그것도 시신이 된 시점에 확인한 사람과 가까운 사이였다고 말한 사람은 없었다. 이것은 개인적인 대특종이었다. 역시 결국은 구전이 중요한 것이다. 인터넷에서 불특정 다수를 상대로는 할 수 없는 이야기도 얼굴을 마주한 사람에게는 할 수 있다. 그리고 정보로서 전달된다. 이런 새로운 정보를 얻기도 하기에 나는 진기한 논문 수집을 그만둘 수가 없다.

논문이란 무엇인가

여기에서는 '논문'이란 무엇인가를 대략적으로 설명하고 넘어가도록 하겠다.

'졸업논문'은 형식상 논문이 맞고 대학 도서관에 소장도 된다. 그러나 학술지에 실리지 않으면 누구나 읽을 수 있는 환경이라고 할 수 없기에 졸업논문의 대부분은 학문적으로는 존재하지 않는 것이나 다름없다. 이따금 우수한 졸업 논문이 대학이 발행하는 잡지에 실리기도 하는데, 이는 졸업 논문의 지도 교수가 심사하고 일정 수준이 이르렀다고 판단한 논문을 학술지에 추천해 실은 것이다. 이 경우는 적어도 국회 도서관에 가면 열람할 수 있으므로 가치 있는 연구가 된다.

석사 논문도 마찬가지다. 대학원은 '석사 과정(박사 전기 과정)'과 '박사 과정(박사 후기 과정)'으로 나뉘어 있고, 석사 논문을 쓰면 '석사 학위', 박사 논문을 쓰면 '박사 학위'를 준다.

라쿠고가落語家*에 비유하면 학사는 젠자, 석사는 후타쓰메, 박사는 신우치라고나 할까? 요컨대 이른바 졸업논문은 '학사 과정'의 학사 논문으로, 이것을 쓰면 '학사 학위'를 받을 수 있다는 의미다. 석사 과정은 전공을 본업으로 삼을 수 있느냐 없느냐를 판단하는 기간이므로 석사에서 멈추는 연구자를 보면 아깝다는 생각이 든다. 가르치는 쪽도 나름대로 에너지를 쏟아서 키우므로 석사에서 그만둘지 박사 과정까지 진행할지를 사전에 지도 교수에게 말하는 편이 좋다(적어도 자격 취득 계열의 대학원이 아니라면).

참고로 논문의 등급이 높아짐에 따라 '심사'라는 시스템이 더욱 엄격해진다. 졸업논문(학사 논문)은 지도 교수 한 명으로 충분하지만, 석사 논문은 두 명, 박사 논문은 적어도 세 명이 심사를 한다. 박사 학위는 박사 학위 취득자만이 줄 수 있으므로 심사원 세 명 중 한 명은 박사 학위를 가지고 있어야 한다. 박사 논문의 공개 심사는 상당히 극적이다. 라쿠고에 비유하면 스승들에게 신우치 승격을 인정받는 의식을 공개하는 것과 같으니 한 번쯤 보러 가기 바란다.

---

* 일본의 전통 예능인 라쿠고를 하는 사람. 라쿠고는 에도 시대에 시작된 대중 예능으로, 화자가 앉아서 별다른 도구의 도움 없이 거의 이야기와 몸짓만으로 관객을 즐겁게 한다. 젠자와 후타쓰메, 신우치는 라쿠고가의 계급으로, 견습에서 젠자를 거쳐 후타쓰메가 되어야 비로소 어엿한 라쿠고가로 대접을 받는다.

요컨대 세상에서 흔히 말하는 '논문'은 석사 학위 이상을 취득한 연구자가 썼고 잡지에 실린 논문을 가리킨다. 잡지에는 크게 두 종류가 있다. 대학이 발행하는 '기요紀要'라는 잡지와 같은 영역을 연구하는 사람들이 투고하는 '논문지'라는 잡지다. '기요'는 간단히 말하면 대학의 실적을 정리한 잡지다. 이것을 보면 1년 동안 그 대학에서 어떤 연구자가 어떤 연구를 했는지 알 수 있다. 대학의 가치 그 자체라고도 할 수 있다. 그럼에도 대학생들은 좀처럼 읽지 않으니 안타까운 일이다. 대학원생이 쓴 논문이라면 지도 교수 혼자 또는 두 명이 심사를 한다. 지도 교수 본인이 쓴 논문도 기요에 실린다. 투고의 장벽이 낮다는 것이 장점이다.

'논문지'는 학술 잡지라고도 하는데, 분야 공유형 잡지다. 예컨대 제목이 《국문학 연구》라면 국문학을 다루고 《질적 심리학 연구》라면 심리학 중에서도 질적 심리학이라는 분야를 다룬다는 의미다. 논문지에는 히에라르키(계급 체계)가 있어서, 가장 권위 있는 잡지는 일류 학자가 이사로 있고 여러 명이 심사하는 전국 유통 잡지다. 이런 잡지를 '톱 저널'이라고 부른다. 이런 잡지에 실린 논문은 지도 교수뿐만 아니라 전국에 있는 그 분야의 대가가 잡지에 실어도 좋다고 인정한 것이므로 커다란 연구 업적이 된다. 그 밑으로는 심사가 엄격하지 않은 잡지, 심사원의 수가 적은 잡지, 애초에 회원 자체가 적은 분야의 잡지, 동인지와 같은 식으로 심사의 유무 등에 따라 학술적 가치가 결정된다. 발행 빈도를 보면 문과 계열의 논문지는 1년에 1회에서 2회 정도 발행되는 데 비해 이과 계열은 1년에 여러 차례 발행되거나 매달 발행되는 경우도 있어서, 문과와 이과의 연구 사이클이 상당히 다르다는 사실에 놀라게 된다.

우수한 연구자나 대학의 가치를 결정하는 요소로도 자주 언급되는 '인용률'은 이런 잡지에 실린 논문이 훗날의 사람들에게 얼마나 인용되었는가를 가지고 그 영향력을 측정하는 것이다. '인용'은 그 논문을 근거로 삼지 않고서는 새로운 이야기를 할 수 없다. 전제로 삼지 않고서는 그와 관련된 논의를 진행할 수가 없다고 인정하는 행위이기 때문이다. 그래서 연구라는 분야에서는 인용에 매우 엄격하고, 복사 후 붙여넣기나 도용은 절대 해서는 안 되는 행위로 간주한다. 이것은 학부에서도 가르치는 내용이다. 그렇기 때문에 교수들은 "인용원은?" "참고 문헌은?"이라고 집요하게 물어본다.

참고로 내가 다녔던 와세다 대학에서는 '전국 규모의 전문 학회에서 심사하는' 일류지에 실린 논문이 세 편 이상 있거나 그에 상당하는 업적이 없으면 박사 학위를 주지 않았기 때문에 상당히 난이도가 높았다. 박사 학위에는 박사 과정 재적 중이나 수료하고 3년 이내에 박사 논문을 제출해 취득하는 '과정 박사'와 그 후에 과정 박사의 두 배가 넘는 양과 질을 겸비해야 취득할 수 있는 '논문 박사'가 있다(문과라면 대체로 원고지 1,000매 정도!). 논문 박사는 젊은 시절에 지나치게 우수한 나머지 박사 학위를 따기도 전에 교수가 되어버린 사람이 정년퇴임을 한 뒤라든가 정년이 다 되었을 때, 혹은 제자를 둔 뒤에 따는 것이라고도 할 수 있는데, 이따금 40세 정도의 나이에 갑자기 따는 사람도 있다. 취직난이 심해서 박사 학위가 없으면 먹고살 수가 없고 있어도 먹고살 수가 없는 시대라서 그런가……. 또 해외에서 취득하는 박사 학위로 'Ph. D.'라는 것도 있다. 왠지 신비하면서 폼이 나는 학위다.

그렇다면 이 책에서 소개하는 이상야릇한 논문들은 어떤 잡지에 실렸을까? 여기까지 읽었으면 슬슬 감을 잡은 사람도 있겠지만, '심사가 엄격하지 않은 잡지'다. 요컨대 대학의 기요라든가 논문지라 해도 은근슬쩍 발행되는 취미성이 강한 잡지들이다. 심사가 엄격하지 않다고 해서 나쁜 것은 아니다. 그런 잡지일수록 속박에서 벗어나 하고 싶은 이야기, 하고 싶은 일을 과감히 추구하는 사람들이 있다. 혹은 날림으로 쓴 것 같은 설문 조사 계열 논문이 의도치 않게 여대생의 생태를 있는 그대로 보여주는 경우도 있다.

그런데 아주 가끔은 전국 규모의 전문 학회에서 심사하는 잡지에 진기한 논문이 실리는 경우도 있기에 이 취미를 끊을 수가 없다. 그 영역 전체가 정신이 나간 듯한, '어떻게 이런 연구를 하는 사람이 있지!?'라는 생각이 드는 논문이 예상 외로 올바른 말을 할 때도 있다.

이야기를 듣고 나니 도서관의 논문 코너를 샅샅이 뒤져보고 싶다는 생각이 들지 않는가? 모든 논문은 어떤 사람이 방대한 시간을 투자해 쓴 것이다. '왜 이런 연구를 시작했을까?'를 생각하는 것만으로도 즐거운 일이다.

두 번째 논문
'공원의 경사면에 앉는 커플'을 관찰하다

〈경사면에 착석하는 커플에게 요구되는 타인과의 거리〉
고바야시 시게오, 쓰다 사토시, 2007년, 《일본 건축학회 환경계 논문집》 제615호

'경사면에 착석'은 또 뭐야……

이번에 소개할 것은 간단히 말하면 공원의 언덕에 앉아 있는 커플을 관찰한 논문이다. 제목의 표현에 따르면 '경사면에 착석하는 커플'이다. 분명히 맞는 말이기는 한데, 어딘가 모르게 좀 거창한 느낌이다.

논문의 내용은 커플이 '사람들의 눈을 신경 쓰지 않고' 앉을 수 있는 거리, 즉 '다른 사람'과 커플 사이 거리는 어느 정도인지를 측정한 것이다. 구체적으로는 저녁부터 심야에 걸쳐 커플이 언제 앉고 언제 일어섰는지, 그때 타인과의 거리는 어느 정도였는지, 커플끼리의 거리는 어느 정도였는지를 전부 '눈대중'으로 계측했다.

대체 최종적으로 무엇을 알고 싶어서 이런 관찰을 했을까?

아니, 그보다 사람들은 이런 행위를 '훔쳐보기'라고 하지 않던가? 이 논문 정말 괜찮은 거야!?

학문은 연구실에서 일어나는 게 아냐! 현장에서 일어난다고!*

논문을 읽어보면 관찰이 진행된 곳은 24시간 일반 공개 광장인 '요코하마항 오산바시 국제 여객선 터미널'이다. 이곳을 선정한 이유는 '야마시타 공원이나 요코하마 마린 타워를 볼 수 있고', '하루 종일' 누군가가 있고, '야간에는 아름다운 야경을 볼 수 있어서인지 커플이 많기' 때문이라고 한다. 여기까지만 보면 숙련된 훔쳐보기 전문가가 아닌가 싶을 정도인데, 이 논문의 저자는 데이터에 '편차'가 있어서는 안 된다며 예비 조사까지 했다!

예비 조사란 제대로 된 데이터를 얻기 위해 과연 그 장소가 적절한지, 정말로 사람들이 오는지, 온다면 그 인원수는 어느 정도인지 등을 사전에 조사하는 것이다. 이 작업을 해

---

* 영화 〈춤추는 대수사선〉에서 주인공 아오시마가 자신들이 공적을 차지하기 위해 현장 요원의 출동을 막는 경찰 수뇌부를 향해 외친 명대사 "사건은 회의실에서 일어나는 게 아냐! 현장에서 일어난다고!"의 패러디.

두지 않으면 그 데이터는 유의미하지 않다(즉 믿을 수 없다)며 딴죽을 거는 선생들이 어느 학회든 꼭 있다.

예비 조사는 낮부터 심야에 걸쳐 모두 5일 동안 실시되었고, 본조사는 17시부터 22시 30분까지 모두 4일에 걸쳐 실시되었다. 잠깐, 예비 조사 기간이 더 길잖아! 다만 예비 조사 기간이 더 긴 것은 그만큼 정성을 들여서 사전 조사를 했다는 뜻이기도 하다. 그래야 4일에 걸친 시간대를 한정한 조사를 통해 오랜 세월의 풍파도 견뎌낼 수 있는 확실한 데이터를 얻을 수 있음을 알고 있었던 것이리라.

이렇게 '실제로 일어나는 일'을 조사하는 방법을 '필드워크'라고 하는데, 필드워크의 단점은 과연 그 데이터가 특수한 데이터인지 아니면 보편성 있는 데이터인지 알기가 매우 어렵다는 것이다. 가령 언어학의 영역 중 하나인 방언 연구의 경우 실제로 그 지방에 사는 할머니에게 이야기를 듣는 방법으로 조사를 해서 '이 지역은 이런 방언을 사용한다!'라는 결론을 이끌어내는데, 취재 대상이 한 명뿐이면 "그건 단순히 그 할머님의 말버릇일 수도 있지 않은가? 그 지역 전체의 경향인지는 알 수 없네"라는 태클이 들어올 수 있다. 그런 태클을 방지하려면 일정 분량의 데이터가 필요하고, 가령 수백 명을 대상으로 청취 조사를 실시해 '지역의 특징'과 '개인의 특징'을 선별해야 한다.

그런 측면에서 생각할 때 이 논문은 필드워크를 통해 샘플을 많이 모음으로써 유의미한 데이터로 만들었다는 점에서 1,000년 후에도 남아 있을 커다란 위업이라고 할 수 있다. 통계학을 바탕으로 "분명히 그렇군!"이라는 말을 들을 만큼의 데이터를 만들기까지는 엄청난 노력이 필요한 것이다.

이 대조사에는 아마도 고바야시 시게오 선생의 학원생들이 동원되었을 것이다. 모기에게 여기저기를 물리는 가운데 "아…… 내가, 내가 이런 걸 하려고 학원에 온 게 아닌데……"라고 중얼거리면서 쌍안경을 한 손에 들고 열심히 조사하는 그들의 모습이 떠오르지 않는가? 그야말로 땀과 눈물의 결정체라 아니할 수 없다. 역시 학문은 현장에서 일어나는 것이다.

경이적인 동체 시력

실제 조사는 멀리서 커플들을 둘러싸고 바라보면서 그들이 '얼마나 머물렀는지(체류 시간)' '어떤 자세였는지(자세)' '얼마나 밀착했는지(밀착도)'를 계측하는 형태로 진행되었다. 그중에서도 눈길을 끈 것은 '밀착도'다. 무려 '떨어져 있다' '바짝 붙어 있다' '손을 잡고 있다' '팔로 어깨나 허리를 감고 있다' '껴안고 있다'의 5단계로 나뉘어 있다! 어!? 잠깐만! '껴안고 있다'에도 여러 단계가 있잖아! 그걸 좀 더 자세히 가르쳐 달라고! ……같은 흑심을 자극하는 포인트도 있지만, 그건 이 연구의 목적이 아닌 모양이다.

그리고 실제로 얼마나 많은 커플을 조사했는가 하면, 체류자 수 704명이다. 치, 치, 치, 칠백 네 명? 단순히 계산하면 커플의 수는 그 절반인 352커플이 된다. 조사 기간은 4일이니 하루에 88커플, 하루에 5시간 반 동안 조사했으니 1시간에 무려 16커플!

그러면 '조사 방법'을 자세히 살펴보자.

물론 '요코하마항 오산바시 국제 여객선 터미널'의 허가를 얻었겠지만, 다음과 같은 수상쩍은 행동들을……

- "관찰을 하면서 커플들의 사생활을 침해하지 않도록 세심한 주의를 기울였다."
— 그야 당연히 그랬겠지. '누군가가 우리를 관찰하고 있다!'고 커플이 깨닫는 순간 조사는 끝이니.

- "20대 남성 세 명, 여성 세 명의 조사원이 남녀 한 명씩 조를 이루어 관찰."

―뭐라고!? 조사하는 쪽도 커플이었단 말이야? 커플이 커플
을 조사한다니 왠지 커플 카페 같은 느낌도 드는데……. 게
다가 아무리 조사를 위해서라지만 혈기 왕성한 20대 남녀
가 커플이 된다니, 이거 애니메이션이었으면 완전히 사귀
는 패턴이잖아!

흥분을 억누르고 이 논문에 적혀 있는 내용을 냉정하게 받
아들이면, 결국 세 쌍의 '가짜 커플'이 1시간에 평균 16커
플을 육안으로 확인했다는 이야기다. 조사원 한 커플이 1시
간에 평균적으로 5커플 전후를 조사해야 가능한 수치다.

- "기본적으로 잔디밭을 올라간 곳에 있는 통로에서 위치를
  이동하면서 서서 또는 앉아서 관찰하기로 했다."

―이러면 대놓고 수상하잖아! 아무리 커플로 위장했다고는
해도 틀림없이 티가 났을 거라고.

- "관찰은 전부 눈으로 실시하며, 수기로 기록했다."

―완전히 〈가정부는 목격했다!〉*의 이시하라 에쓰코가 떠오

---

* 아사히TV에서 방영되는 인기 텔레비전 드라마 시리즈. 상류층 가정에 파견된 가정부
가 그들의 기만행위를 목격하고 가족들이 모인 자리에서 실상을 폭로한 뒤 떠난다는 내
용이다. 본문에 나오는 이시하라 에쓰코는 토요 와이드 극장에서 방영된 시리즈의 주연
이다.

르는 촌스러운 조사 방법이다. 그러나 당연한 말이지만 가
정부와 달리 가짜 커플은 진짜 커플에게 "지금 왜 일어서
셨나요?"라든가 "어느 정도 거리라면 다른 사람의 눈이 신
경 쓰이지 않나요?" 같은 질문을 할 수가 없다.

• "인물을 특정할 수 있거나 자세한 동작을 알 수 있는 촬영
  은 일체 하지 않았다."

— 이거, 해석하기에 따라서는 대략적인 동작을 확인할 수
  있는 정도의 촬영은 했다는 의미로도 읽히는 기술이다.
  이렇게 곱씹는 맛이 있는 표현, 참으로 좋지 아니한가?
  나 같은 논문 마니아는 이런 '언외言外의 의미'에도 주목
  하며 논문을 읽는다. 무작정 눈살을 찌푸리기만 해서는
  안 된다.

• "이용자를 대상으로 질문은 하지 않고, 속성(연령) 등은 조
  사원의 주관적 판단에 의거했다."

— 논문을 보면 '주관적 판단'이라는 기술이 종종 나오는데,
  이것이 바로 그렇다. 그 조사원이 "25세로 보였습니다"라
  고 말하면 25세로 간주한다는 것이다. 그걸 어떻게 신용할
  수 있겠느냐고 말하는 사람도 있을지 모르지만, '그 방면'
  에 도통한 사람의 '주관적 판단'은 높은 확률로 정확하다.

내 주관적 판단이긴 하지만.

또한 그 이상 조사할 방법이 없는 사항을 일단 저자의 주관적 판단으로 분류하는 식의 방법도 있다. 그러나 연구자들은 주관이란 믿을 것이 못됨을 누구보다 잘 알고 있기에 이런저런 사실이 밝혀지는 과정에서 언제라도 '아, 이 판단은 역시 틀렸구나'라며 자신의 설을 취소할 준비가 되어 있다. 진정한 학자는 자신의 자존심보다 '사실'에 무게를 둔다. 그들의 목적은 '지금까지 몰랐던 사실'을 아는 것일 뿐 자신이 옳았음을 증명하는 것이 아니다.

포인트는 '5미터'

조사 결과 다음과 같은 사실을 알게 되었다.

- 커플이 어디에 앉을지를 결정할 때, 밤일수록 '다른 사람의 눈'이 '후방에 얼마나 떨어져 있는가?'라는 측면을 신경 쓴다(또 타인과의 거리가 2~3미터라면 앉지 않고, 5미터 정도라면 안심하고 앉는다).
- 5미터보다 가까운 위치에 누군가가 있으면 체류 시간이 짧아진다.

- 타인과의 거리는 커플의 밀착도에 영향을 끼친다(주위에 누군가가 있으면 바짝 달라붙지 않게 된다).
- 타인과의 거리는 야간보다 주간이 더 길다. 여성이 남성보다 거리를 의식한다.
- 3미터 이내에 누군가가 있으면 '손을 잡는' 데 저항감을 느끼고, 5미터 이내에 누군가가 있으면 '손으로 어깨나 허리를 감는' 데 저항감을 느끼며, 6미터 이내에 누군가가 있으면 '껴안는' 데 저항감을 느낀다.
- 밤에는 낮보다 거리를 신경 쓰지 않게 된다(그 이유는 '밝을 때 밀착하는 데서 창피함을 느끼고 다른 사람이 보는 것을 강하게 의식하기 때문').
- 대부분의 커플은 '손을 잡는다'.
- 서로 껴안고 있는 커플은 4일 동안 모두 18쌍이 있었다!
- 한편 근처에 다른 사람이 있는 편이 좋다는 커플도 있다 ('주위에 커플이 있는 편이 안심이 된다' '다른 사람이 있는 편이 안심이 된다' 등이 이유).
- 해안가에 앉아 있는 커플에 비해 경사면에 앉아 있는 커플은 '좌우'보다 '전후'의 거리, 특히 '뒤쪽'을 의식한다.

'다른 사람이 있는 편이 좋다'고 하면 '이상한 취미라도 있는 건가?'라는 억측을 하기 쉬운데, 여성으로서는 아직 사권 지 얼마 안 됐다면 근처에 아무도 없을 경우 불안감을 느낄 수 있다. 따라서 아무도 없기보다는 5미터 정도 떨어진 곳에 누군가가 있는 편이 마음이 놓일 것이다. 남성은 이런 데이터를 바탕으로 행동하면 여자 친구에게 점수를 딸 수 있을 것이다.

연구의 본목적은?

그런데 이 논문의 저자인 고바야시 시게오 선생은 대인 거리를 연구하고 있다. 대인 거리란 요컨대 '자신과 타인 사이의 거리'다. 이 거리가 떨어져 있는 동안에는 타인의 존재가 신경 쓰이지 않지만, 거리가 줄어드는 순간 신경이 쓰인다. 이것은 여러분도 직감적으로 이해할 수 있을 것이다. 여러분이 남성이라면 소변을 볼 때 바로 옆에 있는 사람이 신경 쓰여 소변이 나오지 않은 경험이 있을 것이다.

이 '타인의 존재가 신경 쓰이기 시작하는 거리, 공간'을 심리학 용어로 '퍼스널 스페이스'라고 한다. 그리고 고바야시 선생이 이 논문을 쓴 동기는 '퍼스널 스페이스'의 주체가 한 명이 아니라 두 명일 경우 어떻게 될 것이냐는 의문에서다. 요컨대 '자신의 영역'을 '애인끼리의 영역'으로 확대해서 조사한 것이다.

참고로 고바야시 선생은 이 연구에 앞서 다음과 같은 연구를 실시한 바 있다. 그 논문의 제목은 〈선상線狀으로 체류하는 커플에게 요구되는 타인과의 거리〉로, 이쪽은 경사면이 아니라 해안선에 나란히 서서 풍경을 바라보는 커플끼리의 거리를 측정한 연구다. 해안선이라고!?

'선상이면 어떻고 경사면이면 또 어떻다고 이런 조사를 쓸데없이 두 번씩이나 한 거야?'라고 생각하는 사람도 있겠지만, '해안선' 논문에서 측정한 것은 '좌우 거리'다. 한편 '경사면' 논문에서 측정한 것은 '전후 거리'다. 원서 30쪽에 조사 결과 알게 된 점으로 "'다른 사람의 눈'이 '후방에 얼마나 떨어져 있는가?'라는 측면을 신경 쓴다"라는 기술이 있었는데, 이것은 해안선과 경사면 양쪽을 조사하지 않았다면 이끌어낼 수 없었을 결론이다. 이제 독자 여러분도 깨달았겠지만 이 논문에는 이렇게까지 치밀한 의도가 숨겨져 있었던 것이다!

현 시점에서는 이 연구가 쓸모가 있다 혹은 없다는 말을 하기가 어렵다. 다만 가령 음식점 등에서 '마음 편히 있을 수 있는 공간'을 떠올리는 데는 매우 도움이 되는 연구라고 생각한다. 이 논문을 보면 커플을 의식한 음식점의 경우 테이블과 테이블의 거리를 5미터 정도 떨어트리는 것이 이상적임을 알 수 있다. '어떤 환경일 때 편안한 마음으로 머무를 수 있는가?'에 관해서는 지금까지 감각의 영역에서만 논의되어왔는데, 이것을 필드워크의 기법으로 조사하고 그 결과를 수치화했다. 요컨대 감각을 가시화한 셈이다. 그런 의미에서 보면 고바야시 선생의 논문은 사실 진기한 논문 따위가 아니라 위대한 연구였던 것이다.

고바야시 선생으로부터 직접 연락이……

후일담인데, 이 논문을 TBS 라디오의 〈아라카와 교케이 데이캐치!〉에서 소개했더니 집필자인 고바야시 시게오 선생으로부터 직접 연락이 왔다. 연락을 받았을 때는 '내가 훔쳐보기 운운해서 화가 나셨구나'라는 생각에 긴장했는데, 정작 고바야시 선생은 고맙다는 인사를……. 나는 놀라움과 함께 고바야시 선생의 넓은 아량에 가슴을 쓸어내렸다.

　더욱 충격적이었던 것은, "조사를 맡았던 '가짜 커플' 세 쌍 중에 한 쌍이 진짜로 커플이 되었습니다"라는 보고였다! 으악! 진짜로 두근두근 메모리얼*이잖아!

___

* 코나미에서 1994년에 발매한, 고등학교를 무대로 한 연애 시뮬레이션 게임. 미소녀 연애 시뮬레이션의 시초라고 할 수 있는 기념비적인 게임이다.

고바야시 선생에게 "지금은 어떤 연구를 생각하고 계십니까?"라고 물었더니 "이미 커플이 된 사람들보다 커플이 되기 전인 사람들이 첫발을 내딛는 상황에 더 관심을 느낍니다. 공간 형상이나 동선, 조명 같은 건축의 힘으로 그 첫발을 내딛도록 도울 수 있지 않겠느냐는 생각을 하고 있습니다"라는 대답이 돌아왔다. 그래서 나는 내친 김에 "러브호텔의 연구는 어떻습니까?"라는 버릇없는 제안을 해봤다. 그러자 고바야시 선생은 쓴웃음을 지으면서 이렇게 대답해주셨다.

"그쪽에도 흥미는 있습니다. 입구 주변의 디자인에 따라 어떤 유형의 커플이 잘 들어가는 경향이 있는지 조사해보면 재미있지 않을까 하는 생각까지는 했는데, 학생들도 거부감을 보였고 그런 조사를 하기에는 윤리적인 문제도 있어서 결국 포기했습니다."

역시 생각은 했던 모양이다. 만약 실현되었다면 학생 커플이 더 늘어났을 텐데…….

젊은 나이에 수많은 논문을 집필한 도쿄 도시대학의 사자 고바야시 시게오 선생.

세 번째 논문
'불륜남'의 머릿속

⟨혼외 연애 계속 시의 남성의 연애 관계 안정화
의미부여 작업: 근거 이론 접근에 따른 이론 생성⟩
마쓰모토 겐스케, 2010년, 《리쓰메이칸 인간 과학 연구》 21

'들키지 않는 불륜' 연구

여러분은 알고 있는가? 일본인 기혼 남성 중 바람을 피워본 경험이 있는 사람은 50.8퍼센트로 절반이 넘는다는 사실을!! 그런데 이 숫자는 많은 것일까, 아니면 적은 것일까? 일단 나는 많은 것이라는 데 한 표를 던진다.

난데없이 충격적인 숫자로 이야기를 시작했는데, 바람이나 불륜, 쉽게 말해 '혼외 연애'가 이렇게나 많다는 것은 아무래도 사실인 모양이다. 독신인 나로서는 참으로 부럽기 그지없다. 이미 결혼을 했는데 또 다른 여성과 그렇고 그런 사이가 된다니, 내 기준에는 에베레스트에 등정한 것도 모자라 다시 달 표면에 발자국을 남기는 수준의 기적이지만 실제로 그런 기적을 행하는 사내들이 있는 모양이다. 찔리는 사람은 용기를 내서 손을 들어보기 바란다. 화를 낼 생각은 없다. 그저 어떻게 했는지 방법을 물어보고 싶을 뿐이다.

그런데 어디부터가 바람이나 불륜에 해당할까? 여성과 단 둘이 만난 순간부터일까? 아니면 머릿속에서 망상하는 것만으로도 바람이나 불륜이 될까? 이 논문에서는 그런 평화로운 수준이 아니라 '넘지 말아야 할 선을 넘은 관계'로 알기 쉽고 명쾌하게 선을 그었다!

그렇다면 그런 인기남들의 심리 상태는 어떻게 되어 있을까? 이번에 소개할 것은 아내에게 들키지 않고 불륜을 저지르고 있는 남성들의 마음속에서 어떤 일이 일어나고 있는지를 조사한 논문이다. 불륜을 저지르는 남자는 여성의 적이다. 변명의 여지가 없다. 사회적으로 생각하면 100퍼센트 악이다. 그러나 학문에 금기는 없다. 오히려 선악의 판단을 초월한 견지에서 사회적인 금기를 파고드는 것이 학문의 매력이기도 하다.

애초에 '불륜' '바람'이라는 말은 어느 정도 사회적인 측면에서 '악'으로 규정된 것은 아닐까? 분명히 나쁜 행동이기는 하지만, '악'이라고 규정하고 조사하기보다 편견 없는 시점에서 조사해야 한다. 그런 중립적인 마음이 이 논문의 제목에 나온 '혼외 연애'라는 표현에 나타나 있다는 생각이 든다.

실제로 이 논문에서는 '불륜' '바람'을 전부 '혼외 연애'로 표현했다. '혼외 연애'라고 하니 왠지 게쓰구* 드라마의 제목으로 쓰일 것 같은 문구인데, 여기에는 앞에서 말한 것과 같은 강한 뜻이 담겨 있음을 이해했으면 한다.

　과거에 "불륜은 문화다"라고 말한 '맨발의 왕'**이 있었다. 문화라고까지 말할 생각은 없지만, 남편의 불륜에 괴로워한 경험이 있는 여성 독자라면 재발 방지를 위해서라도 남성들이 왜 혼외 연애를 하는지, 그리고 혼외 연애를 할 때는 어떤 기분인지 아는 것은 의미 있는 일이라고 생각한다. 또 불륜을 희망하는 남성 독자에게는 유익한 정보가 될지도 모른다. 물론 단순히 심심풀이로 읽어도 상관없다. 중립적인 시각에서 쓰인 논문이기에 독자는 자유롭게 읽을 수 있다. 이것이 바로 학문의 진면목이다.

* 月9. 후지TV에서 월요일 9시에 방영하는 드라마 시리즈의 총칭. 후지TV의 간판 드라마 시간대로 매우 높은 시청률을 자랑한다.
** 이것은 배우이자 방송인인 이시다 준이치를 지칭한 말로 보인다. 이시다 준이치는 맨발로 구두를 신는 것으로 유명하고, 과거에 불륜 사건으로 언론의 도마에 올랐을 때 "문화나 예술 같은 것이 불륜에서 탄생하는 일도 있다"라는 발언이 "불륜은 문화다"라는 문구로 언론에 보도되어 거센 비난을 받은 바 있다.

논문의 저자는 여러 데이터를 바탕으로, "아내가 알고 있느냐 알지 못하느냐는 문제와는 별개로, 혼외 연애를 하면서도 아내에게 이혼을 요구받지 않는 사람들이 상당수 존재하는 것으로 추측된다"라는 왠지 기분 나쁜 추측을 한 뒤, 먼저 지인의 소개를 통해 혼외 연애 경험이 있는 남성 10명을 상대로 인터뷰를 실시했다. '지인의 소개는 또 무슨 소리야?'라고 생각하는 독자도 있을 터인데, 아마도 그 지인의 주변에 "나 말이지, 요즘 바람을 피우고 있어"라고 떠벌리는 사람들이 있었던 모양이다. '멍청한 것도 정도가 있지……'라는 생각은 들지만, 술집에서 무용담처럼 이런 이야기를 떠벌리거나 비밀을 고백하는 사람이 있다 해도 이상한 일은 아니다. 어쨌든, 그들의 존재가 없다면 이 논문은 완성될 수 없었을 것이다. 저자에게 이렇게 말하고 싶다. "잡아내느라 수고하셨습니다!"라고.

그 10명 가운데, ① 부부 관계에 불만이 없다, ② 아내와의 관계는 양호, ③ 아내에게 애정이 있다, ④ 애인과도 진지한 사이, 라는 네 가지 조건을 만족하는 사람은 6명이었다. 그리고 이 6명이 이번 논문의 취재 대상이 되었다. 잠깐, 그런 완벽 초인이 실제로 있단 말이야!? 남자로서 완벽하잖아! 솔직히 말하면 그들에게 배우고 싶다! 그들의 스펙이 어떻고 용모가 어떤지는 공표되지 않았지만, 어쨌든 그 심리만이라도 엿보고 싶다. '혼외 연애를 한 기분'이 되어서 인기남의 인생을 가상 체험해보고 싶다! 내가 애니메이션을 보면서 가상으로 체험하는 일을 이 사람들은 현실 세계에서 직접 하고 있는 것이다!

취재 방식은 IC 레코더를 앞에 놓고 본인이 특정되지 않는 형태로 '혼외 연애에 이른 경위와 그때의 기분' '혼외 연애를 통해 생각한 점' '부부 관계의 변화' '어떻게 생각이 바뀌어갔는가?'를 말하도록 하는 것이었다. 요컨대 혼외 연애를 하고 있는 자신의 내면에서 진행된 스토리를 물어본 것이다. 이거 왠지 가슴이 두근거리기 시작하는데……. 머릿속에 갑자기 모자이크 처리된 그들의 얼굴이 떠오르고 음성 변조된 그들의 목소리가 들리기 시작했다.

물론 취재한 내용을 정리하기만 해서는 여성 주간지의 특집 기사와 하등의 차이가 없다. 그래서 이 논문은 그들의 이야기를 바탕으로 심리적인 '의미부여 작업', 즉 '남자가 어떤 핑계나 스토리를 만들어서 마음의 균형을 유지하고 있는가?'를 밝혀냈다.

'그런데 6명은 데이터로 삼기에 너무 적지 않아?'라고 생각하는 사람도 많을 것이다. 그러나 심리학에는 '질적 연구'라고 해서 다수의 데이터를 통해 통계적으로 조사하는 방법과는 별개로 적은 인원 속에서 공통되는 언설이나 마음의 움직임을 자세히 조사하는 수법이 있다. 물론 이 논문은 후자의 유형에 속하는 연구다.

혼외 연애를 할 수 있는 남자들의 실태

먼저, 여기에 소개된 아내와 사이가 좋으면서도 혼외 연애를 하고 있는 남성들은 대체 어떤 사람들일까? 논문의 결과에 입각해 이야기하자면 다음과 같다.

① 아내를 향한 애정 표현은 완벽!

아내와 애인 사이에서 양다리를 걸쳤을 경우 당연히 신선함이 느껴지는 애인 쪽으로 애정이 치우칠 것이라고 생각하기 쉽지만, 사실 양다리를 능숙하게 걸치는 남자는 아내를 향한 애정 표현이 완벽하다고 한다. 그들의 행동에서 공통되는 점은 '일상적인 집안일을 돕는다' '기념일에는 반드시 깜짝 이벤트를 열거나 깜짝 선물을 준다' '매일 사랑한다고 말한다' 등등이다. 실로 감탄스러운 처세술이 아닌가!

여기부터는 내 개인적인 생각인데, 예전의 남성들은 대부분 바람을 피운 다음날 갑자기 선물을 한다든가 갑자기 애정 표현을 하는 등 죄책감의 발로에서 '어색한 행동'을 하는 알기 쉬운 유형이었다. 그러나 지금은 다르다. 평소에 애정 표현을 자주 하기 때문에 '어색함'도 없고 아내에게 의심도 받지 않는다. 세상의 아내 여러분, 어떻게 생각하십니까? 매일 "사랑해"라고 말해주는 남편이 바람 같은 걸 피울 리가 없어……. 이 남자들은 그런 방심의 틈을 노려서 애인을 만들고 있는 것이다.

생각해보면 그도 그럴 것이, 여성 한 명도 행복하게 만들지 못하는 남자가 두 명을 상대할 수 있을 리가 없지 않은가? 한 명을 만족시키고도 힘이 남아도니까 두 번째 여성을 찾는 것이리라. 이 세상에는 성실하면서 강인한 남자가 있기 마련이다. 이런 남성은 대체로 일도 잘한다. 자기 관리 능력이 우수하다. 돈도 시간도 효과적으로 쓰기에 혼외 연애가 가능한 것이다. 솔직히 나는 이 시점에서 내게는 절대 불가능한 일임을 확신했다. '나는 할 수 있을 것 같은데……'라고 생각한 독자 여러분은 다음도 참고하기 바란다.

② **그러나 아내에게는 무감각해졌다!**

그들은 아내에게 열심히 애정 표현을 하고 있지만, 아내에게 여성으로서의 매력을 느끼지 못하게 되었기도 하다. 뭐? 애정 표현과 '애정'은 별개라고!?

이 논문은 리쓰메이칸 대학의 기요에 실려 있는 것이어서 인터뷰에 일부지만 간사이 말이 나오는데,* 이것이 왠지 긴장감이 없어서 감칠맛을 낸다.

"매일 보고 사는 사이이다 보니 태연하게 방 안에서 속옷을 말리지를 않나, 목욕을 하고 나와서는 그대로 털레털레 돌아다니지를 않나……."

여성한테 '털레털레' 돌아다닌다니, 이 무슨 무례한!! …… 하지만 세탁한 브래지어와 팬티가 방 안에 널려 있고 아내가 방 안을 알몸으로 돌아다니는 분위기를 이 이상 적확히 표현하는 말도 없다는 생각이 든다.

우리 할머니 시대의 아내는 남편보다 늦게 자고 일찍 일어났고 남편이 일어나기 전까지 화장을 마쳤다고 들었다. 보이는 곳에 속옷을 널어서 말리는 것은 꿈도 꿀 수 없었고, 하물며 집안을 망측한 모습으로 돌아다녔다가는 난리가 났다. 당시의 아내들은 집 안에서도 필시 갑갑함을 느꼈을 것이다. 그러나 그것이 여성의 존재를 신비하게 만든 것 또한 사실이리라.

---

* 리쓰메이칸 대학은 간사이권인 교토에 위치한 대학이다.

아내가 눈앞에서 알몸으로 돌아다니는 일상이 계속되면 남편은 아내에게 여성으로서의 매력을 느끼지 못하게 되는 모양이다. 어째서인지는 모르겠지만 방금 나는 마치 내가 아내라도 된 것처럼 반성을 했는데, 사실 여성에게 감정 이입을 하고 읽어보면 논문을 읽는 내내 머릿속에서 '공포'라는 두 글자가 떠나가지 않을 것이다.

③ 혼외 연애는 '영양제'다!

그들은 하나같이 혼외 연애를 '영양제'로 생각하는 듯하다. 뭐시라? 영양제? 진짜 영양제 한 통을 살 때도 손을 벌벌 떠는 나 같은 가난뱅이 코미디언도 있는데, 뭐가 어쩌고 어째?

…… 이런, 나도 모르게 흥분하고 말았다. 그만 마음을 가라앉히고 다시 본론으로 들어가자. 그들이 말하는 영양제가 무슨 의미인가 하면 다음 네 가지다.

- 성적 요인
- 평소와는 다른 역할과 체험
- 두근거림
- 성장

뭐, '성적 요인'이야 당연히 들어가겠지. 아니, 그것 말고 대체 무슨 이유가 있는데!? 성장이라고? 지금 나랑 농담 따먹기 하자는 거냐!? ……라고 울컥하는 비자발적 순결남은 평생 혼외 연애 따위 하지 않는 편이 좋을 것이다.

사적인 감정은 그만 접어두고 지금은 그들의 이야기에 귀를 기울여보자. 가령 '평소와는 다른 역할과 체험'과 관련해 다음과 같은 인터뷰가 있다.

"애인이 운전하는 자동차를 탔을 때는 행복을 느꼈습니다. 지금까지 사귀었던 여성들은 대부분 운전면허가 없기도 했고, 있더라도 남자라는 이유로 항상 제가 운전을 했거든요. 그런데 운전을 잘한다고 할 정도는 아니지만, 어쨌든 그녀가 운전하는 차를 타면 다른 공간이라고나 할까, 새로운 공간에 있는 것 같은 느낌을 받습니다."

나도 이런 말을 해보고 싶어!

집에는 사랑하는 아내가 있고 밖에는 가슴을 두근거리게 하는 애인이 있는데 심지어 그 애인이 운전하는 자동차의 조수석에 탈 수 있다니! 그러니 당연히 행복하겠지! 이래서 영양제라고 하는구나!

이 인터뷰를 읽자 내 머릿속에는 다음과 같은 모습이 떠올랐다. 자동차는 빨간색 BMW. 운전석에는 쭉쭉 빵빵 몸매에 선글라스를 낀 20대 중반에서 30대 초반의 커리어우먼. 음, 현실 세계에 그런 여성이 있을 리가 없나……. 나는 이렇게

빈약한 자신의 상상력과 마주한 순간, 이러니 여성에게 인기가 있을 리가 없음을 자각했다. 그렇다. 이 논문을 읽으면 자신이 얼마나 무능한 남자인지 확실히 알 수 있어서 괴롭다는 남성 제군. 그대들은 절대 바람을 피워서는 안 된다. 바로 들통이 나서 모든 것을 잃을 테니까.

우울한 이야기는 이제 그만하고, 이 인터뷰에서 우리는 남성이 혼외 연애에서 추구하는 것 중 하나가 평소와는 다른 역할이 되는 것임을 알 수 있다. 아내에게는 결코 보일 수 없는 자신의 약한 모습을 상대에게 보일 수 있다. 그리고 스스로 성장해 아내에게 불만을 품지도 않고 오히려 아내를 사랑스럽게 생각하고, 결국 원만한 가정생활로 이어진다. 이런 논리인 모양이다. 이것이 이 남성들의 마음속에 있는 혼외 연애의 사고 메커니즘이다.

그런데 잠깐. 이런 인간들이 있으니까 나 같은 사람에게는 순서가 돌아오지 않는 거잖아!? 부익부 빈익빈이 되니까 나 같은 사람은 평생 이 모양 이 꼴인 거잖아!? 이런 불평을 터트리려고 생각했지만 그만뒀다. 설령 내 주위에 여성이 잔뜩 모여 있더라도 상황은 달라지지 않을 것임을 알고 있기 때문이다. 이런 논문을 열심히 모아놓고 읽으면서 혼자서 키득거리는 남자가 여성의 공감을 얻기는 아무리 생각해도 불가능하다.

"저런 바람둥이 놈들 때문에 나한테 순서가 돌아오지 않는 거야!"라고 외치는 남성 제군! 그건 오해다. 그대들은 어딜 가도 인기가 없다. 주위에 아무리 여성이 많아도 인기가 없다. 이 사실을 먼저 자각하도록!

심지어 이 6명 중에는 혼외 연애를 아내에게 들켰는데도 용서받은 사람이 높은 비율로 있다! 믿기는가? 게다가 혼외 연애를 함으로써 "아내에 대한 애정이 깊어졌다" 같은 뻔뻔한 소리를 지껄이고 있다. 그리고 지금은 또 다른 여성과 혼외 연애를 하고 있다고 말하는 사람까지 있다. 대단하지 않은가!

아니, 냉정해지자. 그들은 틀림없이 '사랑받는 재능'을 지닌 사람일 것이다. 그리고 여성들은 그들을 진심으로 사랑하기에 "이제 바람 따윈 두 번 다시 안 피울게"라는 말을 믿고 용서해줬을 것이다. 평소에 자주 애정 표현을 하기에 이런 고난이도 수작이 가능한 것이리라. 남성 쪽도 아내와 헤어질 마음은 없다. 아마도 아내와 사는 집이 가장 마음 편한 장소일 테니까.

그들은 이 시점부터 심정이 복잡해지지 않았을까? '어느 쪽을 선택해야 하지?'라고 말이다.

④ 내가 있어줘야 해!

현재의 아내를 소중하게 생각하는 이유를 인터뷰에서 이

렇게 말한 사람이 있었다.

"아내가 불우한 환경에서 자랐거든요. (중략) 그러니까 내가 없으면 안 되겠구나 하는 생각이 들었습니다."

그렇다면 애초에 바람 따위 피우지 말라고!

이와 같이 본 논문은 '상대에게 자신의 존재가 크다고 느끼는 것'이 포인트라고 지적했다. 즉, 혼외 연애에 열중하는 남자들은 '아내한테는 내가 필요해'라고 자신만만하게 생각한다. 그러면서 한편으로는 '그녀(애인)를 위해서도 그녀와 헤어질 수 없어'라고도 생각한다. "뭐? '그녀를 위해서'라고? 웃기지도 않는 변명은 좀 작작하지 그래?" 어디선가 여성 독자의 싸늘한 목소리가 들리는 듯한데, 이런 '아름다운 이야기를 만들어내는' 남성 심리야말로 이 논문이 해명하고자 하는 포인트이므로 지금은 관대하게 넘어가주기 바란다. '그래, 어디 마음대로 지껄여보시지'라고 넓은 아량으로 지켜봐줬으면 한다.

남자들은 '그녀의 장래를 생각하면 그녀와 헤어져야 해. 하지만 내가 떠나면 그녀는 망가질 거야. 그러니 헤어질 수 없어!'라며 애인에 대해서도 '내가 있어줘야 해!'라고 생각한다. 그 결과 죄책감의 무한 루프에 빠져버리는 것이다.

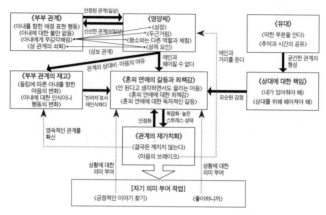

〈그림1〉 기혼 남성의 혼외 연애 의미 부여 과정도

▲ 역사상 가장 쓸데없는 도표 (저자)

⑤ 그리고 도달하는 깨달음의 경지!

그렇게 고민을 거듭하던 그들은 어떤 하나의 결론에 도달한다. 그것은 바로, "둘 다 좋은데 어떡하라고!"다.

드디어 나왔다! '짜장면도 먹고 싶고 짬뽕도 먹고 싶어 논리'가!

이리저리 궁리하고 고민해봤지만 아내도 좋고 애인도 좋아. 어느 한쪽을 선택할 수는 없어. 가능하면 양쪽의 좋은 점만 접하면서 살고 싶어. 둘 다 좋단 말이야! 이런 결론이다.

당연한 말이지만, 이것이 일부일처제 사회에서는 용납될

수 없는 생각임을 그들도 잘 알고 있다. 그리고 사랑하는 아내와 애인에게도 몹쓸 짓임을 잘 알고 있다. 무슨 변명을 하더라도 자신을 정당화하기는 어렵다. 그래서 나온 최후의 변명이 "둘 다 좋은걸!"이다.

누군가에게 용서받고 싶다. 구원받고 싶다. 누군가가 내 행동을 정당화해줬으면 좋겠다. 이렇게 바라는 그들은 결국 자신을 용서해줄 존재를 찾아 나선다! 다음은 인터뷰 대상자 가운데 한 명이 도달한 깨달음의 경지(?)다.

"그렇게 고민하다가 저를 용서해줄 존재가 없을까 싶어서 찾아다녔습니다. 그리고 발견했지요. 힌두교의 신인데, 그림이 있습니다. 신이 바람을 피우는 그림이요. (……) 그런 사람도 용서를 해준다더라고요."

정녕 그래도 되는 겁니까? 힌두교의 신이시여!

생각해보면 이 사람은 그전까지 아무런 인연도 없었던 힌두교의 신에게 기댈 만큼 죄책감에 시달렸음이 틀림없다.

이런 결말이 기다리고 있었다니, 이 논문 정말 대단해!

여기까지 읽은 것만으로도 배가 부르다. 이제 바람이나 불륜 따위는 저지르고 싶지 않다. 이런 갈등 속에서 살고 싶지는 않다.

영양은 어디에서 섭취하면 될까?

'힌두 엔딩'이라니 상상도 못한 전개였는데, 이 논문의 저자는 앞으로 혼외 연애를 하고 있는 여성들이나 남편의 혼외 연애를 눈치챈 적이 있는 아내들을 대상으로도 인터뷰를 획책하고 있는 모양이다. 이것도 꼭 읽어보고 싶다.

영양이 부족해서 혼외 연애를 통해 그 영양을 보충하고 있는 남자도 있을 것이다. 그러나 그런 위험한 짓을 하지 않고도 영양을 보충할 방법은 있을 것이다. 취미나 일, 가족, 친구로부터도 다양한 형태로 영양을 보충할 수 있도록 자신을 제어한다면 죄의식에 떨 일은 없을지도 모른다……라는 도덕 교과서 같은 말로 끝을 맺지만, 솔직히 이런 실태를 알 수 있었던 것은 매우 의미가 있었다. 읽는 것만으로도 배가 가득해졌다. 잘 먹었습니다!

그리고 마지막으로 세상의 아내 여러분! 부디 남편 앞을 알몸으로 '털레털레' 걷지는 말도록 합시다.

네 번째 논문
'하품'은
왜 전염되는가?

〈행동 전염의 연구 동향: 하품은 왜 전염되는가〉
혼다 아키오, 오하라 다카히로, 2009년, 《이와키메이세이 대학 인문학부 연구 기요》 22

하품 연구 논문

인간은 누구나 하품을 한다. 이것은 지극히 당연한 현상이다. 그런데 '왜 하품을 하는가?'와 '왜 하품은 전염될까?'를 연구하기 시작한 지는 30년이 채 안 되고, 이제 겨우 조금씩 밝혀지고 있는 단계다. 그 이유는…… 그런 거 몰라도 사는 데 지장이 없으니까?

라쿠고 이야기 중에 '하품 지도'*라는 것이 있다. 그래서 '라쿠고의 소재=아무래도 상관없는 잡기'라고 생각하는 나는 하품 역시 마찬가지일 것이라고 생각했다. 그런데 논문을

---

* (원주) 근처에 생긴 '하품 교습소'에 구마고로와 하치고로가 하품을 배우러 가서 하품 스승으로부터 풍류 있게 하품하는 방법의 기초를 배운다는 이야기. 여기에서는 무의식 중에 나오는 하품은 '엉터리 하품'이라고 부르며 가치가 없는 것으로 친다.

읽어보고는 깜짝 놀랐다. 하품에는 여러 수수께끼가 숨어 있었던 것이다!

이번에 소개할 것은 30년에 걸친 '하품 연구자'들의 지칠 줄 모르는 하품 탐구 기록을 하나의 연구사로 정리한 논문이다. 이 세상에는 줄곧 하품에 관해서만 생각해온 연구자들이 있다. 끊임없이 하품을 관찰해온 연구자들의 혼이 담긴 하품사史. 지금부터 이 독창성 넘치는 연구를 여러분에게 소개하겠다.

'혈중 산소 결핍설'이 틀렸다고!?

인간은 왜 하품을 할까? 흔히 알려진 이유는 '뇌에 산소가 부족해져서'라든가 '따분해서' 등이다. 그런데 충분히 잠을 잤는데도 수업 중이나 회의 중에 하품이 나오는 이유는 무엇일까? 꼴 보기 싫은 상대와 대화를 할 때만 졸음이 오는 이유는 무엇일까?

연구 결과에 따르면 '산소가 부족해져서 하품을 한다'는 것은 아무래도 잘못된 속설인 모양이다. 하품 연구의 역사에서 빼놓을 수 없는 인물인 미국 메릴랜드 대학의 로버트 프로바인 교수 팀은 1987년에 다음과 같은 실험을 실시했다.

- 높은 산소 농도(산소 100퍼센트)의 방
- 중간 이산화탄소 농도(이산화탄소 3퍼센트)의 방
- 높은 이산화탄소 농도(이산화탄소 5퍼센트)의 방

이렇게 세 종류의 방을 준비하고 피험자들을 각각의 방에 배분해서 일반적인 방과 위의 방에 있을 때 하품을 하는 횟수에 어떤 차이가 발생하는지 측정했는데, '전혀 차이가 없다'는 결과가 나왔다. 산소가 많든 적든 하품을 하는 횟수에는 차이가 없었다는 것이다. 이렇게 해서 하품의 '혈중 산소 결핍설'은 부정된 모양이다.

이 결과는 하품 연구자들을 대혼란에 빠트렸다. 그렇다면 하품은 왜 나오는 걸까? 남은 이유는 '지루해서'와 '졸려서'인데, 이를 놓고 "둘은 결국 똑같은 거 아니야?" "무슨 소리야? 별개지"라고 갑론을박이 벌어졌다. 그리고 현재는 일단 '지루해서' 나오는 하품이든 '졸려서' 나오는 하품이든 전부 저각성, 즉 뇌가 제대로 깨어 있지 않은 상태일 때 일어나는 것으로 보인다고 설명하기로 한 듯하다. 다만 그 메커니즘에 관해서는 밝혀진 것이 거의 없는데, 이는 인간의 뇌에 관한 연구가 이제 갓 걸음마를 뗀 상태라는 것과 깊은 관계가 있어 보인다. 아마도 시간이 지나면 조금씩 해명될 것이다.

하품은 전염되는가?

프로바인 교수 팀은 1986년부터 1987년에 걸쳐 '하품'의 기본 연구를 진행했다. 그 내용은, '하품에 관해 생각하면 하품이 나오는가?'라는 것이었다. 정말 아무래도 상관없는 연구라는 생각이 든다.

어쨌든, 그 과정에서 다음과 같은 실험이 실시되었다. 피험자들은 긴장을 푼 상태로 앉아서 10분 동안 하품에 관해 열심히 생각한다. 그리고 이것을 1세트로 총 3세트를 반복한다. 이 이상 사치스럽게 시간을 쓸 수 있을까 싶을 정도의 실험인데, 그보다 궁금한 점은 '하품에 관해 생각한다'는 것이 대체 무엇이냐. 하품을 하는 사람의 얼굴을 떠올리는 것일까? 왜 하품을 '하품'이라고 하는지에 관해 고민하는 것일까? 외국에서 한 실험이니 설마 〈재채기 대마왕〉*에 나오는 하푸미를 생각하는 사람은 없겠지……. 어느덧 나는 '하품에 관해 생각하는 것에 관해 생각하고' 있었다…….

다시 실험 이야기로 돌아가자.

피험자들은 하품을 하면 단추를 누른다. 진짜 하품을 하면

---

* 1969년부터 1970년에 걸쳐 후지TV에서 방영된 애니메이션으로, 한국에서는 투니랜드에서 2014년에 방영했다.

단추를 누르라는 것이 실험의 조건이었다. 무엇이 '진짜 하품'이고 무엇이 '가짜 하품'인지가 마음에 걸리지만 일단은 넘어가도록 하고, 어쨌든 이것을 30분 동안 한다. 30분 동안 하품에 관해 생각하는 고행. 아마 부처님도 해본 적이 없을 수행, 아니 실험이다.

그랬더니 충격적인 결과가 나왔다! 하품 1회당 평균 지속 시간은 5.9초, 1분당 평균 하품 횟수는 0.9회, 하품과 하품 사이의 간격은 평균 68.3초라는 데이터가 나온 것이다! 방금 마음속에서 "그게 뭐 어쨌다는 거야?"라고 중얼거린 사람은 자신의 경솔함을 반성하기 바란다. 이것은 하품에 관해 생각하지 않았을 경우와 비교했을 때 압도적으로 높은 수치다! 이 실험에서 알게 된 사실은, "우리는 긴장을 푼 상태일 때 단순히 하품에 관해 생각하기만 해도 상당히 높은 빈도로 하품을 한다"라는 것이다! 자, 여러분. 이거 시험에 나옵니다! 밑줄 쫙! 사실은 이것이 그 뒤에 상당히 중요한 사실로 이어진다.

하품하는 영상을 보면 하품이 전염될까?

타인이 웃는 모습을 보고 덩달아 웃는다든가 타인이 무서워하는 모습을 보고 자신도 겁을 먹는 등의 현상을 심리학에서는 '행동 전염'이라고 부르는 모양이다. 쉽게 말해 다른 사람에게 영향을 받아서 자신도 그렇게 느낀다는 것이다. 이 행동 전염이라는 개념을 '하품'에 도입한 실험이 있었다. 드디어 '하품' 연구도 제대로 된 전문 용어가 사용되는 단계에 진입한 것이다. 참으로 감개무량할 따름이다.

실험 내용은 다음과 같다. 먼저 피험자에게 '하품을 하는 영상'을 보여준다. 그런데 여기부터가 참으로 연구자답다. 비전문가는 피험자에게 '사람이 하품을 하는 영상을 보여주는' 것만 생각하지만, 전문 연구자는 다르다. '사람이 하품을 하는 영상'과 '사람이 웃는 영상'을 비디오로 5분씩 보여준 것이다! 비교할 수 있는 데이터를 확보하기 위함이다. 게다가 무작정 5분 동안 보여주는 것이 아니라 각각 10초씩 30회에 걸쳐 보여줬다. 놀랍지 않은가, 이 치밀함이! 물론 보는 사람에게는 상당한 고문이었겠지만…….

그 결과 '하품 영상'을 본 시청자는 55퍼센트가 하품을 한데 비해 '웃음 영상'을 본 시청자는 21퍼센트만이 웃었다는 데이터를 얻을 수 있었다. 요컨대 '하품 영상'은 역시 하품을 유발한 것이다!

이제 슬슬 여러분도 하품을 하고 싶어지지 않았을까? 그도 그럴 것이, 하품에 관해 생각하기만 해도 하품이 나옴이 실증

되었으므로 하품에 관한 글을 읽으면 더더욱 하품을 하고 싶어져야 정상이다. 즉, 여러분이 이 글을 읽는 도중에 하품이 나왔더라도 그것은 글이 재미가 없어서가 아니라 '하품'에 관해 쓴 글이기 때문이라고 주장하고 싶다…….

하품은 글을 통해서도 전염되는가?

그런데 이런 내 걱정을 미리 알았기라도 한 듯이 실제로 다음과 같은 실험이 실시되었다. 피험자에게 '하품 글'과 '딸꾹질 글'을 보여주는 실험이다. 그런데 '하품 글'은 뭐고 '딸꾹질 글'은 또 뭘까? 안타깝게도 이 논문에는 그것이 어떤 글인지 실려 있지 않다. 아마도 '하품에 관해 쓴 글'과 '딸꾹질에 관해 쓴 글'이 아닐까 싶은데, 난감하게도 실험 자체보다 그 글에 더 흥미가 느껴진다.

어쨌든, 실험 결과 '하품 글'을 읽은 피험자 중에서는 30퍼센트가 하품을 한 데 비해 '딸꾹질 글'을 읽은 피험자 중에서는 5퍼센트만이 딸꾹질을 했다. 요컨대 하품은 글을 통해서도 전염된다는 사실이 밝혀진 것이다!

잠시 진지한 이야기를 하자면, 연구자는 항상 이렇게 '비교할 데이터'를 확보함으로써 본래 알고자 하는 데이터가 확실한지를 확인한다. 요컨대 '하품 영상'이나 '하품 글'만으로 실험해서는 안 된다. 이것과 '웃음 영상' 또는 '딸꾹질 글'의 결과를 대조함으로써 상대적으로 '많은지' '적은지'를 실증해야 한다. 하품 연구를 진행하는 과정에서 때로는 '딸꾹질과의 차이는 무엇인가?' '웃음과의 차이는 무엇인가?'와 같이 하품과 직접 관련이 없는 연구도 해야 한다는 말이다.

참고로 다른 하품 실험 중에는 '록 밴드가 연주하는 영상'과 '컬러 바 영상(텔레비전 방송이 끝난 뒤에 나오는 화면 조정 영상)'을 보여주고 어느 영상을 보는 사람이 하품을 더 많이 하는지 조사하는 등 지극히 당연해 보이는 것도 있다. 이것이 하품하고 대체 무슨 관계가 있느냐는 의문이 들지도 모르지만, '지루함'이 얼마나 '하품'으로 이어지는지를 실증하려면 이렇게 '내용이 있는 것'과 '내용이 없는 것'을 비교할 필요가 있다.

가장 조사하고 싶은 것으로부터 '먼' 것에서 시작해 서서히 '가까운' 것의 순서로 검증해간다. 이렇게 하지 않으면 엄밀하게 말할 수가 없다. 그래서 연구자들은 빙 돌려서 난해하게 말하는 것이다. 내가 수집한 논문은 그런 '먼 것'을 중심적으로 다룬 것들인지도 모른다. '컬러 바 영상을 본 사람들의 반응에 관해'처럼 그것만 봐서는 대체 이런 연구를 왜 했는지 모를 논문도 이런 사정에서 세상에 나오는 것이다. 그것이 바로 이상한 논문이다.

하품은 몇 살부터 전염되는가?

이제 하품은 상상해도 전염이 되고 보고 있어도 전염이 되며 읽어도 전염이 됨을 알았다. 아무래도 하품과 인간의 뇌의 활동은 밀접한 관계가 있는 모양이다. 그렇다면 하품은 몇 살부터 전염이 되는지를 조사한 연구가 있다 해도 이상하지 않다. 영국 스털링 대학의 제임스 앤더슨 등이 실시한 연구를 소개하겠다. (Anderson & Meno, 2003)

'2세부터 11세까지의 어린아이'에게 이야기 도중에 어른이 하품을 하는 영상(시각)을 보여주고 등장인물이 하품을 하는 이야기(청각)를 했다. 그랬더니, '4세까지는 전혀 하품이 전염되지 않았다, 5세부터는 영상을 보고 하품이 전염되었다, 6세부터는 이야기를 듣고 하품이 전염되었다'라는 사실이 밝혀졌다! 이것은 아름다운 도표로 나타낼 수 있는 확실한 데이터였다.

이 실험을 계기로 심리학과 뇌 과학의 학자들은 하품에 관해 다양한 의견을 내놓게 된다. 하품에 관한 토론이라니, 이

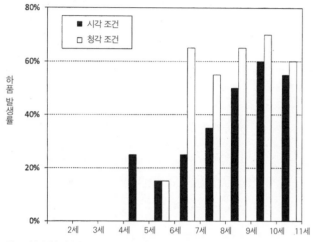

〈그림3〉 어린아이의 연령에 따른 하품 전염 발생률의 차이(Anderson & Meno, 2003을 바탕으로 작성)

얼마나 하품이 나오는 평화로운 토론이란 말인가?

참고로 이 연구에서는 자폐증이 있는 아이에게는 하품이
잘 전염되지 않음이 발견되었다. 또한 아이가 아니어도 조현
병調絃病 등의 경향이 보이는 사람에게는 하품이 잘 전염되지
않음이 확인되었다.

점점 커지는 하품의 수수께끼. 이와 관련해 나와 친분이
있는 메지로 대학의 단 아키히코 준교수(아동 심리학)에게 의
견을 물어봤다. 단 선생의 이야기에 따르면 "'마음의 이론',
그러니까 인간에게는 상대가 무엇을 생각하고 있는지 이해

하려고 상상력을 발휘한다는 심리학의 견지에서 보면 그 상상력이 발달하지 못한 사람에게는 하품이 전염되지 않는 것이 수긍이 간다" "다른 사람의 이야기에 장단을 잘 맞추는 사람이나 맞장구의 달인들은 다른 사람의 이야기를 듣는 솜씨가 좋기 때문에 마음의 이론이 발달해 있다. 그런 사람은 하품이 잘 전염될지도 모른다"라고 한다.

하품이 전염되는 것은 상상력이 풍부한 사람이라는 증거인 모양이다. 요컨대 수업 중이나 회의 중에 졸음이 오는 이유는 상대가 무슨 말을 하고 있는지 진지하게 이해하려 하기 때문이다. 애초에 이야기를 들을 마음이 없었다면 하품은 나오지 않는다. 들으려고 하니까 하품이 나오는 것이다.

개는 어떨까?

그런데 잠깐. 하품은 사람에게만 전염될까? 좋았어, 침팬지를 실험해보자! 이런 생각에서 가장 인간에 가깝게 뇌가 발달했다고 알려진 침팬지에게도 하품이 전염되는지를 조사한 학자들이 있다. 실험은 침팬지 6마리(전부 암컷)의 앞에서 '침팬지가 입을 열었다 닫았다 하는 영상'과 '하품을 하는 영상'을 각각 3분 동안 튼 뒤에 3분 동안 관찰하는 형식으로 진행되었다.

상상해보기 바란다. 침팬지가 하품을 하는지 관찰하는 엘리트 학자라니……. 과연 부모님은 그 모습을 기쁘게 바라보실까? 관찰하면서 하품이 나오지는 않았을까? 그러나 학자의 연구는 언뜻 한심해 보이는 '국지전'의 축적이다. 비웃어서는 안 된다. 웃는 것은 상관없지만.

실험 결과, 입을 열고 닫는 영상에서는 평균 4.7회, 하품을 하는 영상에서는 평균 10회의 하품이 관찰되었다. 뭐라고? 침팬지도 하품이 전염된단 말이야!? 술렁이는 학자들. 그리고 같은 실험을 어린 침팬지에게도 실시했는데, 하품은 전염되지 않았다. 이럴 수가!!

이 실험을 통해 하품의 전염에는 자기인지나 공감성(즉, 상대에게 감정 이입하는 상상력)이 필요한 것이 아니냐는 점, 그리고 상당히 고도의 지적 생명체에게서만 나타나는 현상이 아닐까 하는 점이 밝혀졌다. 요컨대 영장류에게만 나타나는 '공감성'이 원인이 아니냐는 이야기가 된 것이다.*

그 후 "아니야, 우리 집 개는 사람의 마음을 잘 감지하니까

* (원주) 침팬지가 아닌 원숭이에게는 하품이 전염되지 않는다고 생각되어왔지만, 나중에 짧은꼬리마카크에게는 하품이 전염된다는 사실이 확인되어 대소동이 벌어졌다. 참고로 이에 관해 지인인 신타쿠 고지 선생(동물 행동학)에게 물어봤더니 그것은 하품이 전염된 것이 아니라 흉내를 내는 기술을 터득한 것이 아니겠느냐는 가설을 제시했다. 한 가지 현상에도 여러 해석이 있고 전부 설득력이 있다. 이것이 학문의 재미있는 점이다.

틀림없이 하품이 전염될 거야!"라는 개 애호가로 보이는 학자가 인간에게서 개에게로 하품이 전염되는지를 연구했다. 그때까지는 인간에게서 인간, 침팬지에게서 침팬지라는 동종 간의 사례에 한정되어 있었는데, 다른 종족 간에도 전염이 되지 않겠느냐는 것이다. 이 실험은 2008년에 실시되었는데, 다양한 품종의 개 29마리를 대상으로 사람이 '하품하는 영상'과 '단순히 입을 벌렸다 닫는 영상'을 각각 8분씩 보여줬다. 그러자 후자의 경우는 하품을 하는 개가 전혀 없었던 데 비해 전자의 경우는 29마리 중 21마리에게서 전염이 확인되었다! 개의 지능이 이 정도였다니!! 개가 '인간 지향형' 공감성을 가지고 있기 때문에 주인에 대해서만큼은 굉장히 머리를 쓰는 것인지도 모른다. 그러나 한편으로 "아니, 그건 진짜 하품을 하는 게 아니라 단순한 사인 같은데?"라고 반론하는 전문가도 있는 등, 하품 논쟁은 여전히 뜨겁게 진행되고 있다.

훌륭한 라쿠고가가 '하품 지도'를 공연한다면?

마지막으로, 이 논문은 이렇게 끝을 맺는다.

"특히 하품 전염과 모방에 관한 다각적인 검증과 이종 사이에서의 하품 전염 연구가 향후의 연구 과제다."

그런데 이거 중요한 과제가 맞기는 한가? 어쨌든, 현재 업계 차원에서 연구하고 있는 과제다. 후속 보고를 기다리자.

나는 이 논문을 흥미진진하게 읽었는데도 도중에 수없이 하품을 했다. 하품 글을 읽으면 하품이 나옴을 몸소 실증한 셈이다.

참고로 지인인 라쿠고가 다테카와 시라노 사범에게 들은 바로는, '하품 지도'라는 소재의 경우 "잘하는 사람(라쿠고가)이 하면 관객도 하품을 할 것"이라고 한다. 못하면 관객석에서 하품이 안 나온다. 잘하면 관객석에서 하품이 나온다. 라쿠고가로서는 참으로 심경이 복잡해지는 이야기다.

연구에는 네 종류가 있다

오늘날에는 수많은 장르에서 다양한 연구가 진행되고 시시 각각으로 전공도 세분화되고 있지만, 아무리 그래도 연구는 결국 네 종류로 분류된다. 이것을 알아두면 잘 이해가 안 되는 연구도 파악하기가 쉬워지기에 소개하도록 하겠다.

먼저, 크게 두 가지로 나눌 수 있다. '인간이란 무엇인가?'에 관한 연구와 '이 세계란 무엇인가?'에 관한 연구다. '인간'에는 '나'와 '너', '그·그녀'도 포함된다. '세계'는 그런 우리의 주위에 있는 것은 무엇인가, 이 환경은 무엇인가, 왜 우리는 여기에 있는가를 포함한다. 우주도 포함된다.

그리고 다른 축에는 '지금 어떠한가?'에 관한 연구와 '지금까지 어떠했는가?'에 관한 연구가 있다. 이것을 전문적인 용어로는 '공시적 연구'와 '통시적 연구'라고 한다. '현재'와 '과거부터 현재까지'다. 양쪽 모두 '미래'에 대한 예견을 포함한다. 시간을 가로로 구획 짓느냐(현재), 세로로 구획 짓느냐(과거→현재→미래)의 차이다.

즉, 네 종류란, ① '인간이란 무엇인가?'의 '지금 어떠한가?'에 관한 연구, ② '인간이란 무엇인가?'의 '지금까지 어떠했는가?'에 관한 연구, ③ '이 세계란 무엇인가?'의 '지금 어떠한가?'에 관한 연구, ④ '이 세계란 무엇인가?'의 '지금까지 어떠했는가?'에 관한 연구다. 물론 정도의 차이는 있지만, 모든 연구는 반드시 이 XY축으로 구성된 평면도의 사분면 중 어딘가에 위치한다.

이 책에서 소개한 논문을 예로 들면, 첫 번째로 소개한 '가와라마치의 줄리' 논문은 '인간이란 무엇인가?'의 '지금 어떠한가?'에 관한 연구가 된다. 일단은 '가와라마치의 줄리'라는 한없이 현재에 가까운, '현대'에 존재했던 인물과 그를 어떻게 이야기하느냐에 관한 연구다. 여기에서 미토 고몬이나 히다리 진고로 일화 등의 이야기 형식이 어떻게 계승되었느냐가 주제인 논문이 되면 '지금까지 어떠했는가?'에 관한 연구가 된다.

일곱 번째로 소개할 '고양이 카페'의 논문은 고양이를 통해 치유되는 인간의 마음을 연구한 것이므로 '인간이란 무엇인가?'의 '지금 어떠한가?'에 관한 연구다. '커피 잔' 논문은 물리적인 현상을 다뤘으므로 '이 세계란 무엇인가?'의 '지금 어떠한가?'에 관한 연구인 셈이다. 이 책에서 소개한 논문 중에는 '이 세계란 무엇인가?'에 관한 것이 적지만, 우주의 연구라든가 '도미노가 쓰러지는 속도'에 관한 논문은 현상을 다뤘으므로 '이 세계란 무엇인가?'의 '지금 어떠한가?'에 관한 연구이고, '조몬 시대*의 밤 과실의 크기 변화'라는 논문은 '이 세계란 무엇인가?'의 '지금까지 어떠했는가?'에 관한 연구에 속한다.

사실 '지금 어떠한가?'라는 시간을 가로로 잘라낸 연구는 '지금까지 어떠했는가?'를 안 다음에 음미해야 하고, '지금까지 어떠했는가의 내부에 지금을 위치시킨다'라는 역사적 위치 부여가 가능할 때 비로소 의미가 있다. 다만 그런 딱딱한 논리는 제쳐놓고 일단 눈앞에서 벌어지고 있는 신기한 현상의 원인을 알고 싶어 하는 것 또한 호기심 왕성한 인간의 생리라고 할 수 있다.

---

* 기원전 131세기경부터 기원전 4세기경까지 계속된 시대. 중석기시대에서 신석기시대에 해당한다. 조몬繩文이라는 명칭은 발굴된 당시 토기에 새끼줄 무늬가 새겨져 있는 데서 유래했다.

아무리 숭고해 보이는 연구든 한심하게 생각되는 연구든 결국은 '우리와 우리 주변'에 관한 연구인 동시에 그것이 장래에 어떻게 될지에 대한 예언의 측면을 지니고 있다. 이것은 논문을 쓴 사람이 자각하고 있든 자각하지 못하든 마찬가지다. 과거, 현재의 연구는 반드시 미래를 예견하는 방향으로 수렴한다.

모르는 것을 밝혀낸 결과 다른 모르는 것을 새로 발견하고, 그것을 규명하면 또다시 모르는 것이 새로 생긴다. 인류는 이런 과정을 거치며 진화해왔다.

아름다운 저녁 풍경을 봤을 때 그것을 그림으로 그리는 사람이 있는가 하면 문장으로 남기는 사람도 있고 노래로 감동을 표현하는 사람도 있다. 그러나 개중에는 그 풍경이 아름다운 이유를 알고 싶어 색소를 해석하거나 구도의 배치를 계산하거나 공기와 온도를 측정하는 사람도 있다. 그것이 연구다. 그러므로 연구 논문은 그림이나 시, 노래와 동렬의 '표현'이기도 하다. 낭만이 없다고 말하는 사람도 있을 것이고 이보다 더 시적일 수는 없다고 말하는 사람도 있을 것이다. 아름다운 것을 지배하는 법칙은 그 또한 아름답다. 수학자나 물리학자 중에 시인이 많은 이유는 이 때문이 아닌가 싶다.

연구는 미래를 예견하는 표현이다.

다섯 번째 논문

'커피 잔'이 내는
소리의 과학

〈커피 잔과 스푼의 접촉음의 음정 변화〉
쓰카모토 고지, 2007년, 《물리 교육》 제55권 제4호

이 논문의 저자인 쓰카모토 고지 선생은 지바 현의 한 고등학
교에서 물리를 가르치고 있다. 대학 교수가 아니더라도 잡지
를 발행하는 학회에 소속되어 있다면 누구나 학술 논문을 쓸
수 있다. 또한 교사들이 쓴 논문을 모아서 '기요'를 발행하는
고등학교도 적지 않다.

　처음에 '커피 잔과 스푼의 접촉음의 음정 변화'라는 제목
을 봤을 때는 '뭐야 이거? 살다 살다 이런 걸 연구하는 사람
을 다 보네'라는 생각에 웃음이 나왔다. 그러나 웃음도 잠시
뿐, 논문을 읽는 사이에 흠뻑 매료되고 말았다. 누구나 일상
적으로 경험하면서도 깨닫지 못했던 문제가 숨어 있었던 것
이다. 게다가 이것은 고등학교 선생님이 아니었다면 쓸 수 없

었을 논문이었다.

　그러면 지금부터 어떤 내용의 논문인지를 다큐멘터리 형식으로 소개하겠다.

　지금으로부터 20여 년 전인 1992년, 쓰카모토 선생은 A양이라는 여고생 제자에게서 "커피 잔에 인스턴트커피 분말을 넣고 뜨거운 물을 부은 다음 스푼으로 저어주면 스푼하고 컵이 부딪히는 소리가 서서히 높아져요"라는 이야기를 들었다. 여러분도 인스턴트커피를 타서 마신 경험이 있을 것이다. 그때 스푼이 컵에 닿는 소리를 들은 적도 있을 것이다. 그러나 그 음정에 귀를 기울인 적이 있는가? 아마도 없을 것이다. 애초에 그 음 하나하나에 음정의 차이가 있다고는 아무도 생각하지 않는다. 쓰카모토 선생도 당연히 처음에는 '그건 기분 탓 같은데……' '그저 그런 것 같다고 생각하니까 그렇게 들린 게 아닐까?'라고 생각했다고 한다.

　보통 사람이라면 여기에서 이야기가 끝났을지도 모른다. 그러나 역시 쓰카모토 선생은 달랐다. 실제로 인스턴트커피를 타면서 음정에 주의하며 그 음을 들어본 것이다. 그랬더니 분명히 점점 음정이 높아지는 느낌이 들었다고 한다. 이렇게 해서 '어? 어쩌면 A가 한 말이 맞는지도 모르겠는걸?'이라고 생각하게 되었다.

다만 그 현상이 우연이 아니라고 가정했을 뿐 '그 원인은 바로 이것이다!'라고 즉시 답을 내놓지는 못했다. 그래서 쓰카모토 선생은 왜 그렇게 되는지 과학적 근거를 조사하기로 마음먹었고, 그때부터 선생과 A양의 실험이 시작되었다. 만화였다면 위험한 사랑이 싹틀 것 같은 분위기인데…….

분명히 음정이 높아졌다!

실험에 들어가기 전에, 먼저 '정말 음이 높아졌는지 아닌지'를 확인해야 했다. 우연히도 두 사람의 감각이 비슷해서 같은 착각을 했을지도 모르기 때문이다. 그래서 두 사람은 뜨거운 물에 탄 인스턴트커피가 담긴 커피 잔과 스푼의 접촉음을 녹음했다. 그리고 파일을 컴퓨터로 옮긴 다음 '사운드 모니터링 소프트웨어FFTWave'로 '푸리에 변환'해 '주파수 특성'을 측정했다……는 뭐가 뭔지 알 수 없는 내용이 적혀 있는데, 간단히 말하면 음을 수치화했다는 뜻이라고 한다. "처음부터 그렇게 말하면 되잖아!"라고 화를 내는 독자 여러분도 있겠지만, 이와 같이 논문에는 전문 용어도 많이 나옴을 알리기 위해 일부러 소개했다.

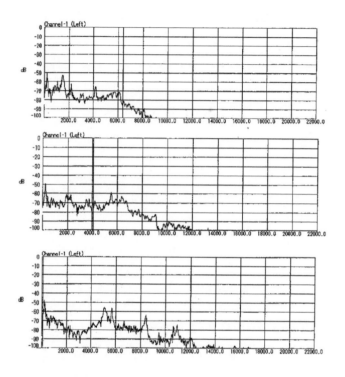

〈그림2〉 인스턴트커피를 녹일 때 잔을 때리는 소리의 변화. 위에서부터 휘젓기 시
작한 직후, 20초 후, 50초 후. 시간이 지남에 따라 8,000Hz 이상의 고음
을 얻을 수 있음을 알 수 있다.

▲ '이 기계는 이런 것을 하기 위해 만들어진 건가……'라고 생각해서는 안 된다. (저자)

그랬더니 실제로 시간이 지남에 따라 음이 높아졌다는 결과가 나왔다! 처음에는 6,000헤르츠 정도였던 것이 마지막에는 1만 헤르츠를 초과하는 음역에 도달했다. 똑같은 실험을 반복해봐도 결과는 마찬가지였다. 이쯤 되자 '기분 탓'은 아님이 분명해졌다.

그렇다면 대체 어째서일까!? 원인은 무엇일까!? 여러분은 어떻게 생각하는가? 어떤 방법으로 원인을 규명하겠는가?

지금부터는 함께 실험을 한다는 기분으로 읽기 바란다.

현상은 '보케', 과학은 '츳코미'*

냉정한 독자라면 이 단계에서 이런 생각을 했을지도 모른다.

'어? 잠깐만. 이건 컵이 뜨거운 물에 데워지면서 온도가 변한 게 원인 아니야!?'

요컨대 내용물인 인스턴트커피의 문제가 아니라 용기인 커피 잔의 문제가 아니냐는 것이다.

그렇다면 이를 검증하기 위해서는 어떤 실험을 해야 할까?

---

* '보케'와 '츳코미'는 각각 만담의 역할이다. 간단히 설명하면 '보케'는 바보 같은 행동 또는 말을 해서, '츳코미'는 그런 '보케'의 말이나 행동에 태클을 걸어서 관객을 웃긴다.

그렇다. 이번에는 '인스턴트커피를 넣지 않고 뜨거운 물만을 잔에 부은 다음 스푼으로 휘젓는' 실험을 하면 된다. 그래서 소리가 달라졌다면 원인은 단순히 용기의 온도 변화일 가능성이 높아진다.

과연 실험 결과는 어떠했을까? 소리의 높이는 달라지지 않았다! 즉, 음정은 일정했다. 역시 바보 같은 생각이었나? 생각해보면 그게 당연한데 말이지……. 그러나 이런 '당연한 것'부터 의심하면서 일일이 실험해나가는 것이 바로 과학이다. 여기에서 우리는 음정이 높아진 것은 '잔의 문제가 아니'라는 사실을 알게 되었다. 진실을 향해 일보 전진한 것이다.

그렇다면 역시 원인은 '인스턴트커피'밖에 없다. 이것은 받아들여야만 하는 사실이다. 우리가 매일 마시는 커피에서 무엇인가 무서운 화학 변화가 일어나는 것은 아니겠지!?

자, 자, 잠시 진정하자. 그리고 문제점을 좀 더 압축해보자. 이렇게 해보면 어떨까? '인스턴트커피 이외의 분말 음료를 녹였을 때도 음정이 변화하는가?'를 조사하는 것이다. 어쩌면 인스턴트커피는 인스턴트 된장국이나 칼피스* 같은 '점도가 높은 액체'가 아니라 '분말'이기 때문에 그런 현상이 나

---

* 칼피스 주식회사에서 만들고 아사히 음료에서 판매하는 유산균 음료. 그대로 마시는 칼피스 워터도 있지만 오리지널은 물이나 우유에 희석해서 마신다.

타나는 것일 수도 있다. 요컨대 인스턴트커피에서만 일어나는 현상인지, 아니면 '분말 음료' 전반에 걸쳐 일어나는 현상인지 알아야 한다. 그래서 두 사람은 커피용 '크리머(프리마 같은 제품)'만을 뜨거운 물에 넣고 휘저어봤다. 그랬더니…… 응? 소리가 점점 높아지는 것이 아닌가! 그렇다. 음정 변화는 인스턴트커피에서만 일어나는 현상이 아니었던 것이다! 어떻게 된 거지? 이거 엄청난 발견 아니야!? 아니, 겨우 두 가지 사례만으로 결론을 내리기에는 아직 이른지도 모른다. 그래서 인스턴트 코코아를 시험해보았는데, 이번에도 결과는 같았다. 이쯤 되면 '분말' 전반에서 일어나는 현상이라고 할 수 있을 듯하다.

분말에서만 일어나는 현상이라고 가정했다면 다음에 해야 할 일은 '분말에 가까운 무엇인가'로 대조 실험을 해보는 것이다. 그래서 이번에는 시판용 홍차 티백을 가지고 실험해봤다. 분말은 아니지만 찻잎을 곱게 부순 바로 그것이다. 티백을 담은 잔에 뜨거운 물을 붓고 휘저어봤더니…… 어!? 음정에 변화가 없네? 오오, 그렇다면 역시 분말에서만 일어나는 현상인가!?

아직 결론을 내리기는 이르다. 원인으로 생각되는 것의 주변에 있는 '용의자'들도 조사할 필요가 있다. 그래서 '설탕'과 '소금'을 용의선상에 올렸다. 그러나 이쪽은 아무리 휘저어도 음정에 변화가 없었다. 즉, '설탕'과 '소금'은 혐의가 없음이 밝혀졌고, 용의자는 '분말'로 압축되었다. 그러자 두 사람은 음료가 아닌 분말의 경우는 어떨지 알아보기 위해 '입욕제'를 컵에 넣고 스푼으로 휘젓는 '기행'까지 저질렀다. 입욕제를 욕조가 아니라 커피 잔에 넣고 휘젓는다. 휘젓고 또 휘젓는다……. '지금 내가 뭘 하고 있는 거지?' 같은 생각을 해서는 안 된다. "대체 뭘 하고 있는 거야?"라는 말이 나올 정도로까지 하는 것이 과학이다. 모든 것은 진리를 위해!

그리고 결과는…… 음이 높아졌다.

눈앞에서 일어나고 있는 현상과 그 원인을 특정해나가는 작업. 이것은 만담에서 보케의 바보 같은 소리에 츳코미가 태클을 거는 작업과 유사하다. 이 부분이 틀린 것은 아닌지, 그것이 원인이 아니라면 이것이 원인은 아닌지 등 '이상하다고 생각하는 것'에 '이게 원인 아니야?'라고 계속 태클을 건다. 그리고 여러 가능성을 하나하나 탈락시킨 끝에 한 가지 결론에 도달한다.

결론만을 알고 싶어 하는 사람이 적지 않다. 그러나 연구에서 중요한 것은 '다른 가능성'을 제외해나가는 작업이다. 이것이 일반 사람들의 소문이나 억측과 학문의 차이이다. 달리 생각할 수 있는 가능성을 모조리 시험해나간 결과 의심할 여지가 없는 '범인', 즉 사실을 찾아내는 것이 '진실'화 작업인지도 모른다. 실험의 90퍼센트는 '이것이다'라는 가설을 증명하는 작업이 아니라 '이것이 아니다'라는 다른 가능성을 배제하는 작업이라고 해도 과언이 아니다. 여러분이 이 일의 중요성을 알았으면 한다. 과정도 결과다. 인스턴트커피의 수수께끼에서 시작해 입욕제를 잔에 넣는 실험까지 했을 때 비로소 보이게 되는 '풍경'이 있는 것이다.

마침내 역전의 발상에 도달하다

이렇게 해서 쓰카모토 선생과 A양은 어떤 가설에 도달했다. '인스턴트 음료 등의 분말에 들어 있는 기포가 원인이 아닐까?' 요컨대 작은 공기의 소행이 아니겠느냐는 가설이다. 바로 이것이 달리 생각할 수 있는 가능성을 배제한 결과 마침내 이끌어낼 수 있었던 '가설'이다. "난 처음부터 그럴 거라고 생각했는데?"라고 말하는 독자도 있을지 모른다. 그러나 다른 가능성을 전부 탈락시켰을 때 비로소 그 가설이 의미를 지님을 잊어서는 안 된다.

여러분도 인스턴트커피를 탄 직후에 컵의 표면에 고운 기포가 떠 있는 모습을 본 적이 있을 것이다. 그 공기가 아직 고운 커피 가루의 속에 있을 때 컵과 스푼의 마찰음을 흡수한 것은 아닐까? 이것이 두 사람의 생각이었다. 그런데 여러분은 이것이 역전의 발상임을 눈치 챘는가? 즉, '음이 높아지는' 것이 아니라 원래 높은 음을 '공기가 흡수하는' 바람에 처음에는 음이 낮아졌던 것이 아니냐고 생각한 것이다. 물론 이 또한 어떤 대조 실험을 통해 실증해야 한다. 그렇다면 어떻게 해야 할까? 이 가설을 뒷받침하기 위해서는 '분말을 녹이지 않더라도 기포만 있으면 됨'을 실증하면 된다. 이렇게 해서 마침내 용의자가 '분말' → '분말에 포함되어 있는 기포' → '기포 자체'로 압축되었다.

기포를 포함한 액체라고 하면 여러분의 머릿속에는 무엇이 제일 먼저 떠오르는가? 그렇다. 탄산음료일 것이다. 수많은 탄산음료 가운데 두 사람이 고른 것은 '콜라'였다. 두 사람은 콜라를 커피 잔에 따르고 스푼으로 휘저어봤다. 사실 누가 평소에 이런 행동을 하겠는가? 콜라도, 커피 잔도, 스푼도 전부 우리 주변에 흔히 있는 것들이지만 콜라를 커피 잔에 따라서 스푼으로 휘젓는 사람은 없다. 이렇게 평소에 하지 않는 행동에 생각이 미치게 한다는 것이 학문의 즐거움이다.

어쨌든, 결과는 어떠했을 것 같은가? 의심의 여지 없이 음이 점점 높아졌다. 콜라 이외에 탄산수소나트륨이 들어 있는 입욕제로도 실험을 해봤지만 역시 음이 높아졌다. 이렇게 해서 커피 잔과 스푼의 접촉음의 음정 변화는 '기포'가 범인임이 확정되었다.

　이 논문을 다 읽은 내 머릿속은 두 가지 상반된 감정으로 복잡해졌다. 첫 번째는 매우 흥미로운 '물리 미스터리'를 접한 감동. 두 번째는 나도 모르게 떠오르는 '그래서 뭐 어쩌라고?'라는 생각……. 이 결과를 알았다고 해서 사회에 무엇인가 도움이 될 리는 물론 없다. 몰라도 상관없는 일이다. 다만 여기까지 읽은 독자 여러분은 알고 있을 것이다. 이 원인을 해명하는 '과정'이야말로 무엇보다 중요하다는 사실을.

드라마는 계속된다: 충격의 전개

과거에 발표되었던 연구를 '선행 연구'라고 한다. 연구 과정의 절반은 이 선행 연구의 존재를 조사하는 것, 그리고 자신의 주장 중 어디에 '새로운 부분'이 있는지 확인하는 것이다. 이것은 학문상의 중요한 절차 중 하나다. 아무리 훌륭한 결과를 냈더라도 과거에 누군가가 이미 했던 연구여서는 의미가 없기 때문이다.

　그래서 쓰카모토 선생은 앞의 결론에 도달한 뒤에 외국의 논문 가운데 이미 이와 같은 의문에 도전한 것이 있는지 찾아봤다. 일본 국내의 연구 중에는 없음을 실험 전에 이미 확인했지만 외국의 논문은 찾아보지 않았기 때문이다. 그랬더니…… 놀랍게도 미국의 논문 중에 같은 것이 있었다!

이것이 학술 연구의 잔혹함이다. 그러나 동시에 '역시 나와 같은 의문을 품었던 사람이 있었구나'라는 동질감을 느끼게도 된다. 시공을 초월해 대화를 나눈다. 연구자로서 어떤 복잡한 심경이었을지 짐작이 간다.

지금부터 그 선행 연구를 소개하겠다.

1969년에 캘리포니아 대학의 세 연구자가 연구 도중에 잠시 쉬면서 커피를 마시다가 이 스푼의 마찰음의 음정이 높아지는 현상을 깨달았다. 자신의 전공 영역이 아니었으므로 그냥 무시해도 상관이 없었겠지만, 연구자 정신이 이를 용납하지 않았을 것이다. 그래서 세 사람은 쓰카모토 선생과 똑같은 실험을 실시했다. '잔의 온도' '분말 음료' '분말 음료 이외의 것' '분말'……. 다른 나라와 시대를 산 사람들이 동일한 순서를 거쳐 하나의 진리에 도달한 것이다.

다만 다른 점이 딱 하나 있었다. 세 사람은 '기포' 실험의 재료로 콜라가 아니라 '맥주'를 선택했다. 참으로 풍류가 있지 않은가? 가설을 실증한 뒤에는 그 맥주로 축배를 들었을 것이다. 수십 년 뒤에 다른 나라의 선생과 학생이 그들이 걸은 길을 그대로 따라오리라고는 상상도 못한 채…….

이 논문은 케임브리지 철학 회보지에 실려 있었다. 그들의 소속은 지구 물리학과 혹성 물리학 연구소였다고 한다. 쓰카모토 선생은 본 논문에서 이렇게 적었다. "아마도 그들은 연구 도중의 휴식 시간에 인스턴트커피를 타다가 이 현상을 깨닫고 필자와 같은 논의와 실험을 거듭한 결과 원인의 해명에 도달했을 것이다"라고.

바로 이것이 학문의 재미있는 점이다. 어떤 것을 증명할 때 결론을 확고한 것으로 만들려 하면 원하지 않아도 절차나 순서가 비슷해진다. 100년 후, 아니 1,000년 후 누군가가 똑같은 조건으로 실험해도 같은 결과를 얻을 수 있도록.

'200회 실험에 성공한 누군가'에게도 읽혔으면 싶은 논문이다.*

연구의 즐거움을 느끼게 하는 실험으로서

쓰카모토 선생은 현재 이 '커피 잔의 음정의 수수께끼'를 수업 교재로 사용하고 있다. 원래 교재 연구를 해왔기에 결과보

---

* 2014년에 오보카타 하루코가 기자 회견에서 만능 세포(STAP 세포)의 제작에 얼마나 성공했느냐는 질문에 답변하면서 한 말. 본인은 200회 이상 제작에 성공했다고 말했지만 다른 누구도 같은 방법으로 만능 세포를 만들어내지 못했고, 결국 연구 결과를 조작한 것으로 판명되어 커다란 파문을 일으켰다.

다 실증 '과정'이 더욱 살아 있는 교재임을 누구보다 잘 알고 있는 것이다.

참고로 선생의 논문에는 실험을 실시했을 때 학생들이 보인 반응도 실려 있다. "재미있었다" "평소에 자주 접하고 있으면서도 전혀 깨닫지 못했다" 같은 의견이 이어지는 가운데 "처음에는 입자가 원인이라고 생각했는데 거품이 원인이라니 의외였다"라는 수준 높은 감상까지 포함되어 있다. 선생은 이런 의견을 수업에 반영함으로써 수업 시간에 다루는 주제나 교재를 매년 발전시키고 있다.

참고로 이 논문은 실제로 소리를 녹음해서 음정을 계측했다는 점에서는 세계 최초다(1969년의 논문에서는 음정을 계측해 수치화하는 작업까지는 하지 않았다). 그러나 무엇보다 이 논문의 훌륭한 점은 쓰카모토 선생에게 처음 의문을 제기한 A양처럼 일상 속에 숨어 있는 '수수께끼'를 발견하는 일, '질문을 하는' 일의 중요성을 가르쳐준 것이다.

나는 이 논문을 발견한 며칠 뒤에 쓰카모토 선생의 연락처를 필사적으로 찾아서 밑져야 본전이라는 생각으로 이메일을 보내봤다. 그랬더니 며칠 뒤에 "안 쓴 지 한참 된 이메일 주소여서 없앨 생각이었는데, 우연히 들어왔다가 메일을 보고 깜짝 놀랐습니다"라는 답장이 왔다. 선생이 이 논문을 쓴 이유는 학생들에게 학문의 탐구 과정을 즐겁게 '추체험'시키기 위한 교재로 삼고 싶어서였다고 한다. 뜻밖에도 나 같은 문외한이 논문에 관심을 보인 것이 기뻤는지 고맙다는 인사가 적혀 있었다.

쓰카모토 선생은 고등학교에서 산악부 고문도 맡고 있는데, 암벽 등반을 하고 싶다는 학생을 위해 어느 날 학교에 거대한 벽을 만들기도 한 훌륭한 분이었다. 매일 새벽 3시에 일어나 학교에 가서 연구를 하고 수업에 들어간다. 방에는 세계의 실험 장난감과 외국 서적이 가득했다.

여섯 번째 논문
여고생과 '남자의 눈'

〈남학생의 출현으로 여고생의 외견은 어떻게 변화했는가:
모교 현립 여자 고등학교의 남녀 공학화를 바라보며〉
시라이 유코, 2006년, 《여성 학년보》 제27호

여러분이 다녔던 고등학교는 남녀 공학이었는가, 아니면 남학교 혹은 여학교였는가?

인생은 한 번뿐이고, 고등학교도 한 번만 다닐 수 있다(가끔 두세 번을 다니는 사람도 있기는 하지만). 남녀 공학 고등학교를 다니느냐, 남자 고등학교 혹은 여자 고등학교를 다니느냐는 그 후의 인생에도 매우 큰 영향을 남긴다는 것이 남자 고등학교를 나온 나의 생각이다. 남자밖에 없는 학교, 여자밖에 없는 학교의 그 독특한 분위기는 경험해본 사람만이 알 수 있다. 도쿄의 중고 일관 남자 고등학교*를 다녔던 개인적인 경험에서 말하면, 이성의 눈을 신경 쓰지 않고 활기차게 학원 생활을 하는 즐거움과 이성이 없는 외로움을 대략 1대 9 정도의 비율로 느끼는 곳이 남자 고등학교다. 물론 적극적인 친구들은 다른 학교의 여학생과 잘만 사귀었지만, 남자 고등학교나 여자 고등학교 출신자 중에는 그런 사교 그룹에 속하지 못한 사람도 많을 것이다. 사실 이성에게 인기가 없는 사람은 남학교를 다니든 여학교를 다니든 남녀 공학을 다니든 이성에게 인기가 없지만, 남자 고등학교나 여자 고등학교 출신자는 "남자(여자) 고등학교를 나오는 바람에⋯⋯"라고 환경 탓을 하기 쉽다. 그리고 근본적인 원인을 깨닫기까지 시간이 걸리곤 한다.

이 논문의 저자인 시라이 씨는 후쿠시마 현의 어느 여자 고등학교에 다녔던 모양이다. 그리고 세 살 어린 여동생도 같은 고등학교에 입학했는데, 마침 그 학년부터 학교가 남녀 공학으로 바뀌었다. 남녀 공학이 된 것은 그 학교만이 아니다. 후쿠시마 현 내의 84개 고등학교 가운데 남자 고등학교와 여자 고등학교는 각각 11개가 있었는데, '남녀가 공동으로 참여하는 사회 만들기의 일환'으로 1994년도부터 2002년도에 걸쳐 이 22개 고등학교가 전부 남녀 공학이 되었다.

이 장에서 소개하는 논문은 '여학교에 다니는 여학생이 매

* 중학교와 고등학교가 통합되어 있거나 중학교에서 고등학교로 시험 없이 진학할 수 있는 시스템의 학교.

사에 더 적극적으로 행동하고 자립적이 된다'고 생각했던 시라이 씨가 '남녀 공학이 되면 어떻게 될까?'라는 시점에서 연구한 것이다. 시라이 씨에 따르면 '학생회장, 특별 활동의 부장, 합창 대회에서의 기발한 가장假裝, 운동회에서 머리카락을 풀어 헤치고 경기에 몰두하는 모습……. 예전의 여학교에서는 이런 모습을 볼 수 있었지. 그런데 지금은 이게 뭐지? 남녀 공학이 된 뒤로 여학생들이 나약해졌잖아!'라는 사적인 분노에서 쓴 혈기 넘치는 논문이다.

꽃밭인 줄 알았던 여학교의 실태!

시라이 씨는 먼저 자신의 학년, 즉 '여학교였던 시절에 학교를 다닌 사람'과 여동생의 학년, 즉 '남녀 공학으로 바뀐 첫 학년의 여학생'을 대상으로 다음과 같은 설문 조사를 실시했다.

• 등교 중 / 학교 내 / 방과 후에 각각 어떤 복장으로 있을 때가 많은가?
• 학교에서 지정한 것 이외의 양말을 신을 때가 있는가?
• 화장을 하고 학교에 간 적이 있는가?

뭐지? 이거 선도부나 할 법한 질문은!? 왠지 머리를 길게 땋고 안경을 쓴 소녀가 입을 삐쭉거리며 학생들에게 심술궂은 질문을 하는 모습이 떠오른다. 실제로는 그렇지 않겠지만. 그 결과 다음과 같은 사실을 알게 되었다.

- 여자 고등학교의 학생은 등하교 때에는 위아래 모두 교복을 착용하지만 학교에 도착하면 치마를 벗고 활동하기 편한 운동복으로 갈아입는다.

그에 비해, 이런 것도 있다.

- 남녀 공학이 된 학교의 여학생은 하루 종일 교복을 입고 생활한다.

이게 무슨 소리야? 여학교에서는 정말 그런단 말이야!? 청초한 교복 차림은 학교에 도착할 때까지만이고, 일단 학교 안으로 들어가면 체육 시간이 아니어도 운동복 차림이라고!? 어떤 운동복인지 조금 궁금하기도 하지만(그야 당연히 추리닝이겠지. 부르마*는 애니메이션에서나 입는 거라고), 설마 교복을 '외출복' 쯤으로 여길 줄은…….

또한, 이런 사실도 알았다.

- 여자 고등학교의 학생은 학교에서 신는 양말과 방과 후에
  신는 양말이 따로 있다.

여학교를 나온 독자 여러분은 이 결과를 어떻게 생각하는
가? 동의하는가? 여학교에 다니는 여학생에게 멋 내기는 어
디까지나 '대외용'이고, 학교는 '밖'이 아닌 것이다. 한편 남
녀 공학의 여학생은 여학교의 여학생에 비해 화장을 "매일
한다" "거의 매일 한다"라고 대답한 사람이 많았다는 데서 평
소의 '멋 내기' 수준이 상대적으로 높음도 판명되었다.

그렇단 말인가……. 이래 보여도 국어 교사 자격증을 가지
고 있는 내 꿈은 여학교 교사인데(하필 교육 실습도 남학교에서
했다), 설령 그 꿈을 이루더라도 '여자아이다운 모습'을 접할
일은 적은 모양이다. 학교에서는 화장도 하지 않고 추리닝 차
림에, 나 따위는 존경하지도 않고 반말로 바보 취급하면서 수
업에 귀를 기울이지도 않겠지……. 나도 모르게 "소중한 내
꿈을 부수지 말아줘!"라고 절규하고 싶어지는 데이터다.

---

* 여학생들이 입었던 매우 짧은 체육복 하의. 여자 배구 선수들이 입던 짧은 하의를 생
각하면 된다.

또한 설문 조사를 통해 남녀 공학의 여학생은 남자의 존재에 영향을 받아 무의식중에 여성스러워진다는 사실도 알았다. '여자들이 멋을 내는 이유는 남자들의 눈을 의식해서가 아니다'라는 설문 조사 결과가 많지만, 화장을 하는 여학생의 비율이 여학교의 여학생보다 높았던 것이다! 데이터에서는 이런 것들을 읽을 수 있다.

물론 설문 조사를 전면적으로 신뢰하지는 않지만, 이성의 눈은 이렇게까지 일상의 생활 스타일을 바꾸는 모양이다. '남자들의 눈을 의식해서 멋을 내는 게 아니야'라는 '멋 내기 철학'이야말로 남녀 공학에 다니는 여학생들의 여유의 발로다. 솔직히 말하면 남자를 의식하고 있는지도 모르지만 그것을 입 밖에 내서는 안 된다는 사고방식 자체가 '멋 내기'인 것이다. 혹은 같은 공간에 있는 동성에 대한 견제일지도 모르지만, 이 또한 이성이 있기에 형성되는 '상호 견제'라고 할 수 있을 것이다. 화장이 능숙한 성인 여성이 있다면 남녀 공학 출신이라고 생각해도 무방하지 않을까 싶다.

개인적으로는 '여학교에는 중성적인 매력이 있다고나 할까, 동경하는 선배라고나 할까, 그런 연심을 느껴 러브레터를 주고 싶어지게 하는 선배도 있지 않나?'라고 생각하며 여학교의 여학생이야말로 청초한 존재일 것이라고 기대했는데, 안타깝게도 순정 만화를 너무 많이 본 탓에 생긴 환상인 모양이다. 이런 '꽃밭'에 대한 동경심도 남학교 출신자의 특징인 것이다.

다음으로 시라이 씨가 주목한 것은 '졸업 앨범'이다. 시라이 씨는 같은 후쿠시마 현 내에서 A=자신의 출신교(당시는 여학교), B=자신의 출신교와 마찬가지로 여학교에서 남녀 공학이 된 다른 고등학교, C=남학교에서 남녀 공학이 된 학교를 대상으로 자신의 학년과 여동생 학년의 '졸업 앨범'을 입수해 (3×2=6권) 겉모습이 어떻게 달라졌는지에 주목했다.

구체적으로는 졸업 앨범에 실려 있는 개인의 얼굴 사진을 머리 모양과 표정, 복장 등 다양한 관점에서 분류했다. 졸업 앨범의 새로운 사용법이다.

그랬더니, 다음과 같은 결과가 나왔다.

- A학교와 B학교 모두 '여학교' 시절의 여학생보다 '남녀 공학이 된 뒤'의 여학생의 머리카락이 더 길다!(약 30퍼센트에서 약 40퍼센트로)
- '여학교' 시절의 여학생보다 '남녀 공학이 된 뒤'의 여학

생 중에 웨이브 헤어가 많다!(A학교의 경우 3퍼센트에서 9퍼센트로)

- '여학교' 시절의 여학생보다 '남녀 공학이 된 뒤'의 여학생이 치아를 드러내며 웃는 사진이 많다!(A학교의 경우 65퍼센트에서 74퍼센트로)

- '남학교'에서 '남녀 공학'이 된 학교의 여고생보다 '여학교'에서 '남녀 공학'이 된 학교의 여학생이 더 웃는 얼굴이 많다!(51퍼센트 대 74퍼센트!)

"젠장, 점점 여성스러워지고 있잖아! 남자애들 좀 그만 신경 쓰라고!"라는 시라이 씨의 목소리가 여기까지 들리는 것 같다. 헤어스타일이 더 여성스러워지는 것은 이해가 되지만 웃는 얼굴의 비율까지 높아질 줄은……. 대체 여학교란 곳은 얼마나 어두운 곳이란 말인가!? 아니, 남자의 존재가 대체 얼마나 여자를 웃게 만드는 것인가!? "이 기집애, 웃고 있잖아!"라며 벌레 씹은 표정을 짓고 있는 시라이 씨의 모습을 상상하니 동정의 마음을 금할 길이 없다(내 망상이지만……).

게다가 이것이 끝이 아니다.

- '여학교' 시절보다 '남녀 공학이 된 뒤'에 몸을 조금 비스듬하게 기울여서 찍은 여학생이 많다!

"그게 뭐 어쨌다는 거야?"라고 말하고 싶어지는 발견이지만, 시라이 씨에게는 큰 문제인 것이다. 시라이 씨는 논문에서 이 몸을 비스듬하게 기울이고 사진을 찍은 학생을 가리키며 "'부릿코* 스타일'을 연출하고 있다"라고 단언했다. 논문을 읽다 보면 진지한 문장 속에 문득 이런 단정적인 표현이 나올 때가 가끔 있는데, 이런 것도 논문의 재미있는 점이다 (우에노 지즈코 씨의 글에서 인용한 것이기는 하지만). '부릿코'가 이런 것이었단 말인가? 사진을 찍을 때 몸을 비스듬하게 기울이는 것은 여행지에서 아줌마 군단이나 하는 행동이라고 생각했는데, 내 생각이 안일했던 것 같다.

또한 단체 사진도 시라이 씨의 매와 같은 눈빛을 피할 수는 없었다!

- 운동회의 사진은 모두 18장 가운데 어째서인지 남학생만이 찍힌(혹은 남학생 중심인) 사진이 7장이나 되고, 전체적으로 남학생이 많다!
- 경보 대회, 마라톤 대회의 사진도 전체 24장 가운데 남학생만이 피사체가 된 것이 18장!

---

* 예쁜 척, 착한 척하는 여성을 가리키는 말. 영원한 아이돌 마쓰다 세이코를 대표하는 말로서 세간에 유명해졌다.

여학생들을 더 찍으라고, 이 사람들아!

이것만큼은 나도 동감이다. 아니, 여학생만 찍어도 된다. 남학생의 사진 따위는 필요 없다. 시라이 씨는 "이와 같은 사실에서 사진을 촬영하는 사람(카메라맨)이나 앨범에 실을 사진을 선택하는 사람(각 학급에서 몇 명씩 선출되는 앨범 편집 위원)에게 '스포츠=남성'이라는 규범이 존재하는 것은 아니냐는 추측을 할 수 있다"라고 격앙된 어조로 주장했다.

• 학교 축제나 합창 대회에서는 여학생의 복장이 얌전해졌다!

논문을 읽어보면, 시라이 씨가 여학교에 다닐 때만 해도 "이런 이벤트에서의 복장은 머리에 뒤집어쓰는 유형의 가면(말 대가리라든가 불상 같은 '특이한 것')이 기본이었는데 남녀 공학이 된 순간 유카타나 메이드 복장으로 바뀌었어! 난 이런 거 용납 못 해!"라고 한다.

이 논문은 학문적으로는 남녀의 성 차이를 고찰하는 '성별Gender 연구'의 장르에 속하는데, 이런 것을 봐도 남녀 공학에서는 무의식중에 '예능'이나 '스포츠'는 '남자의 역할'이라는 성별 규범이 만들어졌음을 알 수 있다. 여학교의 경우는 당연히 여학생밖에 없으므로 '예능'도 '스포츠'도 여자가 하는 수밖에 없다. 그 역할을 누가 맡을지 결정하는 과정에서 '사회성'도 싹튼다. 그러나 남녀 공학이 되면 '이것은 남자의 역할' '이것은 여자의 역할'이라는 식으로 자연스럽게 나뉘어버린다.

시라이 씨는 남녀 공학이 된 것 자체에 화가 난 것이 아니라 여학교 시절에 키웠고 졸업 후의 자립으로 이어질 수 있는 그런 '사회성의 싹'이 남녀 공학이 된 순간 짓밟힌 것 같다며 탄식하는 것이다. 이 논문의 데이터는 여학교이기에 볼 수 있었던 여학생들의 '허슬'이 사라져버린 씁쓸한 현실을 말해준다.

시라이 씨의 논문 곳곳에는 여동생의 의견이 실려 있는데, 남녀 공학이 된 뒤로 여학생이 화장을 하는 비율이 높아진 것에 대해 여동생은 "공부는 아무래도 상관이 없어져서 화장만 열심히 하는 거 아니야?"라는 의견을 내놓았다(실제로 남녀 공학화에 관한 다른 논문을 읽어보면, 대부분의 경우 남녀 공학이 된 여학교는 성적이 떨어지고 남녀 공학이 된 남학교는 성적이 올랐다는 데이터가 나온다). 참으로 직설적인 결론이기는 하지만, 이런 것 또한 이 논문의 묘미다.

나의 고등학교 시절을 되돌아보면 '남학교이기에 가능한' 이
벤트가 꽤 많았다. 5월에는 자정에 회중전등과 주먹밥, 수통
을 들고 표고 1,897미터의 정상을 향해 묵묵히 산을 오르는
'다이보사쓰 고개 넘기 강행군'이라는 이벤트가 있었다. 그
래서 체육 시간에는 이 이벤트에 대비한 체력 훈련의 일환으
로 오로지 '마라톤'만을 했다.

학교에 수영장이 없는 탓에 여름에는 바다에서 '원영遠泳'
수업(합숙)을 했다. 그것도 새하얀 훈도시*를 차고 '노시'라고
하는 일본의 전통 수영법으로 10킬로미터 정도의 거리를 헤
엄친다. 그래서 체육 시간에는 이에 대비한 체력 훈련의 일환
으로 오로지 '마라톤'만을 했다. 요컨대 1학기의 체육 수업은
전부 '마라톤'이었다.

또 2학기가 되면 창립 기념일에 '10킬로미터 마라톤'이라
는 이벤트가 있었다. 그래서 체육 시간에는 이에 대비한 체력
훈련의 일환으로 줄곧 '마라톤'을 했다. 한마디로 봄부터 가
을까지 체육 수업은 오로지 '마라톤'뿐이었던 것이다.

겨울이 되면 드디어 마라톤으로부터 해방되지만 기뻐하는

---

* 일본의 전통적인 남성용 속옷. 착용하면 오늘날의 T팬티와 비슷한 모습이 된다.

것도 잠시뿐, 아침 6시부터 시작되는 '겨울 수련'이 3주나 계속된다. 이 기간에는 매일같이 검도, 유도, 혹은 '5킬로미터 마라톤'을 한다.

중·고등학교 6년 동안 이런 환경에서 생활한 결과 대학에 들어갔을 무렵에는 여성과 무슨 이야기를 해야 할지도 알지 못하는 체질이 되어 있었고, 덕분에 여성과 평범하게 대화할 수 있게 되기까지만 꼬박 4년이 걸렸다.

그런 내 모교가 이제 와서 남녀 공학이 되려고 한다면 나는 분노로 몸서리칠 것이다. 머리를 노랗게 염색한 날라리 같은 모습의 후배를 발견한다면 "머리 꼬락서니가 그게 뭐야!"라고 호통칠 것이 틀림없다.

남학교에 들어간 것이 성별에 대한 의식에 어떤 영향을 끼치는지 나로서는 알 수 없지만, 여학교에 남성적인 여학생이 있듯이 개중에는 여성적인 남자가 된 친구도 있지 않았을까? 아니, 자기 주변의 일은 전부 혼자의 힘으로 할 수 있게 된다는 것은 어쩌면 여성이 보조해줄 수 있는 부분도 스스로 해결하려 한다는 의미인지도 모른다. 군대 같은 학교였던 까닭에 그런 것을 조사할 정신적인 여유는 전혀 없었지만, 만약 지금 그 학교가 우리 때와 다른 모습이 되었다면……. 왠지 시라이 씨의 기분을 이해할 것만 같다.

일곱 번째 논문
고양이의 '치유 효과'

〈대학 축제에서 '고양이 카페'의 효과:
'고양이 카페' 체험형 AAE(동물 매개 교육)가 내장객에게 끼치는 영향〉
이마노 요코, 오가타 료코, 2008년, 《호쿠쇼 학원 북방권 정보센터 연보》

고양이.

"이승에서 어떻게 고양이를 대하느냐가 천국에서의 신분을 결정한다." (로버트 A. 하인라인)

"고양이의 사랑보다 위대한 선물이 있을까?" (찰스 디킨스)

"고양이는 절대적인 정직함을 지니고 있다." (헤밍웨이)

동서고금의 고양이 찬양을 전부 소개하려면 책 한 권을 써도 모자랄 것이다. 무함마드부터 나쓰메 소세키까지, 고양이를 사랑한 위인은 수없이 많다.

고양이는 이 지구의 히에라르키의 정점에 군림한다. 인간이 '집사를 자처하도록 만드는' 존재다. 개를 좋아하는 사람들과 달리 고양이를 사랑하는 사람들은 어딘가 이런 마조히스트적인 측면이 있다.

솔직히 말하면 나도 고양이를 키우고 있는데, 지극히 이성적이고 중립적이고 객관적으로 평가했을 때 우리 집 냥이가 지금까지 본 어떤 고양이보다도 귀엽다. 아니, 우주에서 제일 귀여울 것이다. 사실 고양이를 좋아하는 사람은 다들 이렇게 말한다.

"무슨 소리야? 개는 집이라도 지켜주지만 고양이는 아무 짝에도 도움이 안 되잖아? 그러니까 개가 더 낫다고!"라고 말하는 사람도 많을 것이다. 그러나 나는 아무런 도움이 안 됨에도 키우지 않고는 견딜 수 없게 만드는 마성이야말로 고양이의 위대함이라고 생각한다. 이번에 소개할 논문은 그런 고양이의 치유 효과를 연구한 것이다. 사실은 고양이도 사람에게 도움이 되며 사람을 치유해줌을 증명하려 한 연구다.

다만 이것은 내 추측인데, 아마도 저자인 이마노 선생과 오가타 선생 또한 그저 고양이가 좋아서 이 논문을 쓴 것이 아닐까 싶다. 안 그러면 이런 논문을 왜 쓰겠는가?

제목에도 나오듯이, 이 논문은 대학 축제에서 '고양이 카페'를 열고 그 카페에 온 손님을 대상으로 설문을 함으로써 고양이 카페에서의 체험이 인간에게 어떤 영향을 끼쳤는지 조사한 연구다.

카페를 찾아온 손님은 남성이 30명, 여성이 84명으로 모두 114명이고 평균 연령은 21세였다. 이 데이터만을 보면 "여성을 만나고 싶은가? 그렇다면 고양이 카페에 가라!"라고 말하고 싶어질 정도다. 고양이와 여성을 동시에 볼 수 있는 최고의 장소다.

그런데 독자 여러분은 '고양이 카페'라는 곳에 가본 적이 있는가? "아직 가 본 적 없는데"라는 독자를 위해 이 대학 축제에서 연 '고양이 카페'가 어떤 모습이었는지 논문을 인용해 소개하겠다.

"입구에서 슬리퍼로 갈아 신고 들어간 곳에 돗자리를 깔고 방석을 준비한 공간, 소파와 의자를 준비한 공간을 각각 마련해 편히 쉬면서 고양이와 접촉할 수 있게 했다.

고양이용 침대와 캣타워, 고양이용 장난감을 방 안에 뒀다.

옆방에서 구입한 음료수나 음식을 가지고 고양이가 있는 방에 가서 자유롭게 고양이와 접촉하거나 놀 수 있게, 또 고양이 DVD를 감상할 수 있게 했다."

어떤가? 이 극진한 서비스가. 고양이 DVD까지 준비되어 있고, 겨냥도를 잘 살펴보면 벽에는 고양이 사진까지 걸려 있다. 그야말로 고양이로 시작해 고양이로 끝나는 공간인 것이다! 다만 고양이 알레르기가 있는 사람에게는 지옥 그 자체와도 같은 공간일 것이다. '고양이만 없으면 최고일 텐데……'라는 생각이 들지도 모르겠다.

고양이를 싫어하는 독자 여러분은 '고양이'='예쁜 여자아이가 있는 장소' 혹은 '꽃미남이 있는 장소'로 바꿔서 생각하기 바란다. 요컨대 호스티스 클럽이나 호스트 클럽 같은 곳이다. 벽에는 아이돌 같은 예쁜 여자아이(혹은 꽃미남)의 사진이 장식되어 있고, 텔레비전에서는 예쁜 여자아이(혹은 꽃미남)를 전방위에서 감상할 수 있는 영상이 흘러나오고, 마치 내 집 같은 공간에서 그들(그녀들)과 식사를 함께 할 수 있다. 어떤가? 최고가 아닌가? 고양이가 싫은 사람은 이런 식으로 '고양이'를 '여성' 혹은 '남성'으로 치환해 읽기 바란다.

다시 본론으로 돌아가서, 조사 자료를 읽어보면 이 고양이 클럽, 아니 고양이 카페에는 모두 네 마리의 고양이가 있었던 모양이다. '고양이 카페'의 고양이 일람이라는 표에 사진과 함께 정리되어 있다. 네 마리의 이름은 각각 '피아노'와 '지코' '비비아' '고콧토'이고, 나이는 1세부터 19세까지다. 꼬맹이부터 원숙한 중고령까지, "미묘美猫 네 마리 상시 대기 중!"이라고 외치는 소리가 여기까지 들리는 것만 같다.

그리고 일람표(126쪽 표)를 잘 보면 '획득 기능'이라는 항목이 있다. 뭐지, 이 무미건조한 표현은!?

조심조심 읽어보니…….

- 장난감 등을 이용해 함께 놀 수 있음.
- 무릎 위에 안김.
- 사람이 쓰다듬어도 가만히 있음.

이게 전부 기능이었단 말인가? 배워서 터득하는 것이었단 말인가!! 부처님 손바닥, 아니 고양이 발바닥 위에서 놀아나는 인간들…….

아니, 이런 것에 상처를 받아서는 안 된다. 그렇다. 이 카페의 고양이들은 어디까지나 '숙련된 전문가' 고양이들이다. 우리 주변의 평범한 고양이와는 다른 고양이들이다. 그런 줄 알면서도 고양이들과 일시적인 향락 또는 환상을 즐기러 가는 곳. 그곳이 바로 고양이 카페인 것이다.

<표1> '고양이 카페'의 고양이 일람

	피아노	지코	비비아	고콧토
성　　　별	암	암	암	수
품　　　종	샴	잡종	잡종	잡종
털　　　색	실포인트	흑백 얼룩	검은색	노란색
눈　　　색	청색	황록색	황색	황색
연　　　령	19세	13세	2세	1세
체　　　중	2.8kg	2.6kg	2.2kg	4.7kg
예 방　접 종	완료(3종 혼합 백신: 고양이 바이러스성 비기관염·고양이 칼리시 바이러스 감염증·고양이 범백혈구 감소증)			
건 강　진 단	1년에 1회 반드시 수진, 검사 결과 모두 이상 없음			
발 톱　깎 기	완료			
획 득　기 능	· 사람이 쓰다듬어도 얌전히 있음　　· 무릎 위에 안김 · 장난감 등으로 함께 놀 수 있음 · 발톱 갈기나 배뇨, 배변을 정해진 장소에서만 함			

고양이는 고양이를 좋아하는 사람을 알아본다

그러면 조사 결과는 어떠했을까? 첫 번째 질문은 '고양이와 어떻게 접촉했는가?'(복수 답변 가능)였다. 왠지 결과가 궁금해 가슴이 두근거린다. 다시 한 번 말하지만, 고양이를 싫어하는 독자 여러분은 고양이를 '미녀'나 '꽃미남'으로 바꿔서 읽기 바란다.

- 제1위 "만졌다." 75.5퍼센트

→이른바 '쓰다듬기'다. 대부분의 고양이가 쓰다듬기를 허락했다니, 참으로 양심적인 카페다.

- 제2위 "봤다." 68.2퍼센트

→"그저 바라보기만 해도 행복하다"는 말이다. 손을 댈 수도 없을 만큼 좋아하는 그 기분, 나는 충분히 이해한다.

- 제3위 "함께 놀았다." 20.0퍼센트

→요컨대 '동반 출근'이라고나 할까? 여기까지 성공했다면 상당한 수완가다.

- 제4위 "끌어안았다." 7.3퍼센트

→꺅~! 저질~! 그 귀여운 아이를 처음 만난 날 껴안다니!! 역시 여기까지 가능한 사람은 열에 한 명도 안 된다.

……그런데 이거 전부 당연하다면 당연한 결과 아닌가?

참고로, 끌어안는 데 성공한 사람 중에는 사실 고양이를 키워본 적이 있는 경험자가 많다는 사실도 밝혀졌다. 고양이는 인간의 미묘한 몸동작이나 냄새에 민감하며 이를 통해 고양이를 좋아하는 사람을 알아볼 수 있기 때문에 고양이를 좋아하는 사람에게 더 가까이 다가가는 경향이 있음이 확인되었다고 한다. 그러므로 고양이가 먼저 가까이 다가온 것도 끌

* 호스티스와 손님이 클럽의 영업시간 전에 밖에서 만나 식사 등을 하고 클럽에 가는 것.

어안기까지 진도를 나갈 수 있었던 큰 이유 중 하나로 분석된다. 고양이도 사람을 보는 것이다.

지극히 당연한 결과

다음은 고양이 카페를 찾아온 사람들의 '감상'이다. 긴장감을 높이기 위해 논문에 실린 결과를 순위 형식으로 발표하겠다.

- 제5위 "부드러웠다."　　　46.4퍼센트
- 제4위 "말랑말랑했다."　　52.7퍼센트
- 제3위 "마음이 온화해졌다."　62.7퍼센트
- 제2위 "마음이 치유되었다."　65.5퍼센트

　그리고 대망의 1위는……. 73.8퍼센트가 대답한 "귀여웠다"입니다! 축하합니다!!

　그랬구나! 역시 고양이는 귀여웠어!! ……가 아니라, 아니 그걸 모르는 사람도 있나? 역시 이 논문을 쓴 이유는 단지 고양이가 귀엽다는 말을 하고 싶어서였던 거 아냐?

　그러나 여기에서 '고양이는 귀여운가, 아닌가?'는 중요한 문제가 아니다. 중요한 것은 고양이와 접촉하고 받은 구체적인 감상이다. 그리고 감상의 대부분은 지금까지 살펴봤듯이 긍정적인 것이었다. 뭐, 그야 그렇겠지. 애초에 고양이를 싫어하는 사람은 고양이 카페에 안 올 테니까.

논문에는 손님들의 감상에 관한 논평이 다음과 같이 실려 있다.

"고양이 카페라는 일시적인 만남의 장소에서도 '고양이'의 존재에 눈을 뜨게 하고 고양이에 대한 흥미를 이끌어낼 수 있었다고 할 수 있다."

일시적인 만남이라니……. 이게 무슨 원 나이트 스탠드냐!! 어쨌든, 이 또한 숙련된 전문가 고양이들이었기에 가능한 일이었는지도 모른다.

동물이 사람에게 끼치는 영향에 관한 연구

지금부터는 조금 진지한 이야기를 하겠다.

동물이 사람에게 끼치는 영향에 관해서는 외국에서도 적극적으로 연구가 진행되고 있다. 가령 개에 관한 연구에서는 기르는 개와 처음 보는 개는 '사람에게' 끼치는 영향의 정도가 다르다는 결과가 나왔다. 그러나 이 논문의 경우, 고양이 카페에서는 처음 보는 고양이도 모두의 마음을 치유해준다는 사실을 실증했다. 기르는 고양이에게 마음의 위안을 얻는 것은 당연한 일일지 모르지만 처음 만난 고양이에게서도 효과를 얻을 수 있고, 나아가 고양이를 키운 적이 없는 사람도 고양이에게 마음의 위안을 얻는 효과가 있는 것이다. 이 논문을 이와 같이 동물이 사람에게 끼치는 영향을 조사한 연구 속에 위치시키면 큰 의미를 지니게 된다.

또 털로 뒤덮인 동물을 만지면 심장 수술을 받은 환자의 회복이 촉진됨이 확인되었다는 연구 결과도 있다. 동물을 만지는 것이 사람의 심장 혈관 계통에 직접 영향을 준다고 한다. 즉, 마음뿐만 아니라 몸에도 즉각 효과를 발휘함이 밝혀진 것이다.

그리고 이런 연구 결과에 입각해 외국에서는 교육 현장에서 고양이나 개를 만지게 하는 시도도 진행되고 있다. 그렇게 하면 문제 행동을 일으키는 아동의 수가 감소하고 성장기 특유의 짜증 등도 크게 줄어든다고 한다. 일본에서도 동일본 대지진 이후 학교에 동물을 데리고 가서 학생들에게 만져보게 함으로써 그들의 마음을 치유한 활동이 보도된 바 있다. 사실은 이 논문의 취지도 '동물 매개 교육', 즉 동물을 교육 현장에 활용하자는 메시지였던 것이다.

다시 논문 이야기로 돌아가자.

진기한 논문을 연구하면서 주목하는 부분 중 하나는 논문의 말미에 있는 '과제와 전망'이다. '고양이 카페' 논문에는 다음과 같은 '반성문'이 실려 있었다. "기능을 획득한 고양이였지만, '고양이 카페' 당일에 적극적으로 활동하지 못한 고양이도 있었다"라는 고양이에 대한 지적이다. 숙련된 전문가임에도 낯을 가리는 고양이가 있었다는 사실이 흥미롭다.

한편으로 '고양이 카페'를 방문한 뒤에 동물을 키우고 싶어진 사람이 증가했다는 결과도 얻었다. 반려 동물 산업의 규모는 2조 엔에 이른다고 하는데, 이는 끊임없이 고민을 안고 사는 현대인의 대부분이 반려 동물에 의지하고 있다는 의미인지도 모른다. 다만 반려 동물을 키우는 데는 그 나름의 책임도 따름을 명심했으면 한다.

그리고 이 논문의 마지막에는 장대한 맺음말이 준비되어 있었다.

"이탈리아의 천재 레오나르도 다빈치는 '작은 고양이는 자연이 만든 최고 걸작'이라고 말했는데, 대학 축제에서 임시로 기획한 '고양이 카페'에서도 이 말이 사실임이 증명된 것이 아닐까?"

에이, 아무리 그래도 이건 아니지!

이 자리를 빌려 다빈치에게 한마디 하고 싶다. "최고 걸작이라는 칭호는 우리 집 고양이에게만 허락된 것"이라고!!

사진과 그림이 이상한 논문들

연구자는 언제나 진지하기 이를 데 없다. 그런데 분명히 진지하지만 아무리 봐도 이상한 논문이 무수히 존재한다. 그 대표적인 예가 자료로서 사진이나 그림을 풍부하게 다룬 논문이다.

다카시마 신스케(2007), 〈야마나시 현의 힘돌〉, 《욧카이치 대학 논집》, 19-2

먼 옛날에 일본에는 마을에서 힘깨나 쓴다는 사람들이 '그렇다면 누가 더 힘이 센지 시험해보자'는 취지에서 신사 등에 커다란 돌을 놓아두고 그 돌을 들어 올릴 수 있는지 겨루는 풍습이 있었다. 그 신사 등에 놓아둔 돌을 '힘돌'이라고 부르며, 그 돌을 들어 올린 사람의 이름을 새겨 넣기도 했다. 개중에는 내력이 적혀 있는 힘돌도 있다.

야마나시 현의 힘돌

사진1

사진2

사진3

사진4

사진5

사진6

다카시마 선생은 그런 일본 전국의 '힘돌'을 연구하는 분이다. 평생을 바쳐 '힘돌'을 추적하고 있는 것이다. 내가 개인적으로 뵙고 싶은 연구자 중 한 분인데, 이 선생의 논문은 당연히 돌 그라비아 화보집이다.

논문을 넘기면 앞쪽과 같은 사진이 이어진다. 흥분한 표정으로 사진을 찍는 선생의 모습이 떠오르는 것만 같다. 온갖 각도에서 관찰하며 무엇인가 문자가 새겨져 있지는 않은지 살펴봤으리라. 다행인지 불행인지 국보나 중요 지정 문화재로 등록된 힘돌은 없기 때문에 얼마든지 자유롭게 만질 수 있다.

다나카 교코 외(2007), 〈세면 대야의 크기와 사용 편의성에 관한 실험〉, 《짓센여자대학 생활 과학 기요》, 44

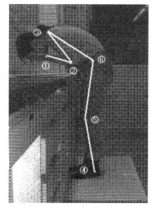

〈그림1〉 실험 풍경
① 요골 경돌점 ② 요골점
③ 견봉점 ④ 외과점 ⑤ 대퇴골 외측 상과점
⑥ 장골 능점

이렇게까지 해야 하는 건가? 세면 대야의 크기와 사용 편의성을 생각하기 위해 이렇게까지 해야 하는 건가!? '감각'에 의지하지 않는 자세가 연구자의 집념을 느끼게 한다.

참고로 저자 네 명이 쓴 논문인데, 다 큰 어른들이 이렇게까지 진지하게 연구한 것을 보면 뭔가 대단한 연구일 것이다. 21세기에 한 것이니 필경 대단한 연구일 것이다.

그밖에도 니노미야 긴지로*의 동상만을 촬영한 논문이라든가, 먹는 밤만을 촬영한 밤 화보집이라든가, 옛 문헌에서 '치齒'라는 문자만을 촬영한 논문 등, 이런 종류의 논문이 셀 수 없이 많다.

전문가에게 '작은 차이' 같은 것은 존재하지 않는다. 모든 '차이'가 '큰 차이'다. '다르다'는 사실 자체가 커다란 정보인 것이다.

다양한 유형을 모아서 정리하는 계열의 논문도, 말로 하기보다는 사진이나 그림으로 보여주는 편이 이해가 빠른 계열의 논문도 전부 사실을 알고 싶다는 일념에서 쓴 것들이다. 조작을 해서는 절대 안 된다.

---

* 본명은 니노미야 다카노리. 에도 시대 후기의 농업 행정가이자 사상가다. 그가 지게를 지고 걸으면서 책을 읽는 모습의 동상을 일본 각지의 초등학교에서 찾아볼 수 있다.

여덟 번째 논문

'수수께끼'의 법칙

〈은유적 표현에서 '재미'를 느끼는 메커니즘〉
나카무라 다기루, 2009년, 《심리학 연구》 제80권 제1호, 일본심리학회

A라고 쓰고 B라고 읽는다. 그 이유는 X

여러분, '수수께끼'를 아는가? 예를 들면, "'출판사'라고 쓰고 '교도소'라고 읽는다. 그 이유는 '교정(갱생)*이 필수다'"와 같은 놀이다. 코미디 콤비인 W콜론의 네즛치가 자주 하는 바로 그것이다.

그밖에, '미디어'라고 쓰고 '선물'이라고 읽는다. 그 이유는 '멋진 방송(포장)**이 생명이다' 같은 것도 있다. 또 유명한 수수께끼로는, '휘파람새'라고 쓰고 '시골의 장례식'이라고 읽는다. 그 이유는 '울면서 매화를 향해(매장하러)*** 간다'가 있다.

---

* 일본어로 교정校正과 갱생更生은 발음이 같다. 수수께끼는 이와 같이 동음이의어를 이용하는 것이 많다.
** 역시 방송放送과 포장包裝의 발음이 같다.

이와 같이 수수께끼는 전부 'A라고 쓰고 B라고 읽는다. 그 이유는 X'라는 형태로 구성되어 있다. X가 A와 B의 공통점임은 금방 알았을 것이다. 그 X는 동음이의어이기도 하고, 복수의 의미를 지닌 다의어이기도 하다.

이번에 소개하는 것은 그런 '수수께끼'를 연구한 논문이다. 이 논문이 획기적인 점은 학생 여러 명에게 공통된 소재로 '수수께끼'를 만들게 하고 그 '수수께끼'가 무엇이 재미있는지 객관적으로 데이터화한 것이다. 이것은 내 전공인 코미디의 언어학적 접근에 매우 근접한 연구이기에 매우 흥미롭게 읽었다. 처음부터 끝까지 사람이 살아가는 데 아무 짝에도 쓸모가 없는 연구이지만, 그 무의미함 속에 숨어 있는 오묘함을 음미하면서 읽기 바란다.

수수께끼와 비유는 비슷하다!?

그러면 이 수수께끼의 'A라고 쓰고 B라고 읽는다'는 부분은 사실 '은유'라고 하는 비유의 일종이다. 비유에는 직유와 은

___

* 매화梅와 묻다埋める의 발음이 같은 것을 이용했다. 또한 수많은 새 중에 휘파람새인 이유는 서로 잘 어울림을 의미하는 '매화에 휘파람새'라는 일본 속담이 있기 때문이다.

유가 있는데, 직유는 'A는 마치 B와 같다'라는 표현 방식이다. 이것은 보이는 바와 같이 A를 B에 직접 비유하므로 깔끔하다. 밑줄 친 '마치' '와 같다'를 보고 비유임을 금방 알 수 있다. 한편 은유는 'A는 B다'라는 표현 형식으로, 여기에는 '마치' 라든가 '와 같다'라는 말이 없다. 그래도 A와 B에는 공통되는 'X'가 있고, 그것을 '숨겨놓았기' 때문에 은유라고 부른다.

다만 'X를 숨겨놓았다'고는 해도 어지간히 복잡한 표현이 아닌 이상은 X가 무엇인지 자연스럽게 알 수 있다(달리 말하면, 자연스럽게 알 수 있도록 비유해야 한다). 예를 들어 "너는 태양이야"라는 은유 표현의 경우, '너는 스기우라 다이요*라는 말인가?' '그렇다면 나는 쓰지 쨩**인가?'라고 생각하는 사람은 거의 없을 것이다. 읽는 이는 이 표현을 비유로 이해하고 '너'와 '태양'의 공통점, 즉 '밝다'든가 '눈부시다' 같은 요소를 찾아내려 할 것이다.

은유의 묘미는 이렇게 만든 쪽이 '숨겨놓은' 것을 받아들이는 쪽이 '찾아내는' 데 있다. 가령 여성의 굵은 다리를 표현할 경우, 직설적으로 "네 다리는 마치 무 같아"라고 말하면 멋

---

* 杉浦太陽. 일본의 배우이자 방송인. 대표작으로는 '울트라맨 코스모스'가 있다.
** 일본의 가수이자 방송인. 본명은 스기우라 노조미. 아이돌 그룹 모닝 무스메의 멤버였고, 스기우라 다이요의 부인이다.

이 없지만 은유를 사용해 "네 다리는 네리마의 명산품이야"* 라고 돌려서 말하면 조금은 품위가 있다.

논문의 저자인 나카무라 선생은 이런 은유 표현을 탐구하던 도중에 구조가 같은 '수수께끼'에 시선이 갔다고 한다.

그리고 수수께끼에는 당연히 '재미있는 것'과 '재미없는 것'이 있다. 그 차이는 어디에서 만들어지는지 생각해보자는 것이 바로 이 논문의 취지다.

'재미도'란?

이 논문에서는 '수수께끼'를 2단계로 나눠서 연구했다. 그 순서는 다음과 같다.

① 학생 56명에게 '수수께끼'를 만들게 한다.
② 다른 학생 17명에게 그 '수수께끼'를 읽게 해, 무엇을 '재미있다'고 느꼈고 무엇을 '재미없다'고 느꼈는지 데이터를 수집한다.

---

* 네리마는 도쿄 도 23구의 북서쪽에 위치한 구로, 네리마 무가 유명하다. 직유든 은유든 이런 말은 상대의 마음에 상처를 입히니 하지 말자.

사실은 여기서 끝이 아니다. '재미있다'고 평가한 학생 수에서 '재미없다'고 평가한 학생 수를 빼 '재미도'라는 수치까지 산출한 것이다! 뭐지 이 '재미도'는!? 누군가가 여러분의 '재미도'를 매긴다면 여러분은 어떤 생각이 들까? "네 '재미도'는 1이야"라는 말을 들으면 마음에 큰 상처를 받을 것 같지만, 그래도 재미있는 발상이다. 나는 코미디언이므로 이 수치가 먹고사는 데 직접 영향을 줄 것이다. 어쩌면 "안녕하세요~. '재미도 3'의 산큐 다쓰오입니다. 작년까지는 마이너스였지만 올해는 다행히 플러스가 되었습니다"라는 식으로 자기소개를 하게 될지도 모른다. 그런데 잠깐, 이런 수치로는 코미디언으로 먹고살 수 없을 것 같은데…….

뭐, 내 걱정은 잠시 제쳐놓고 이야기를 진행하자. 웃음에 관한 연구에서는 항상 '재미는 누가 결정하는가?' '이 예는 재미있는가?'라는 것이 논란이 되는데, 이것을 '재미도'로 수치화해 불만의 소지를 없앴다는 것이 이 논문의 대단한 점이다.

먼저 ①에서 학생들이 어떤 수수께끼를 만들었는지 살펴보자. 나카무라 선생은 'A라고 쓰고 B라고 읽는다'의 'A'에 해당하는 '소재'를 8개 정해서 학생들에게 무작위로 건네주고 '수수께끼'를 만들게 했다. 그 8개의 소재 가운데 '연필'을 소재로 만든 수수께끼를 두 가지 소개한다.

- '연필'이라고 쓰고 '불량소년'이라고 읽는다. 그 이유는 '결국은 둥글어진다'.
- '연필'이라고 쓰고 '사실'이라고 읽는다. 그 이유는 '간단히 지워진다'.

음…… 분명히 맞는 말이기는 한데, 수수께끼에 동음이의어(교정과 갱생 같은)가 없다 보니 어딘가 불완전 연소한 작품처럼 생각된다. 뭐, '의미의 중복'을 가지고 수수께끼를 만들었다는 점은 신선하다고 할 수 있지만.

참고로 '연필' 외의 소재로는 '부부' '가족' '지우개' '우정' '청춘' '학급 붕괴' '구조 개혁'이 있었다. 왠지 소재에서 시대가 느껴진다. 여러분도 자신이라면 어떤 수수께끼를 만들지 생각하면서 읽어나가기 바란다.

다음은 ②의 평가에 관해서다. 앞에서 '재미있는지' '재미없는지'를 평가한다고 썼는데, 실제로는 조금 더 세세한 기준으로 분류했다. 이 기준이 주목할 만한데, 바로 '이유'였다. 왜 '재미있다' 혹은 '재미없다'고 생각했는지 그 이유를 명확히 한 것이다. '재미없다'고 생각했을 경우는 '무슨 말인지 이해가 안 된다' '너무 당연하다' '말이 안 된다'의 세 가지 중에서, '재미있다'고 느꼈을 경우는 '그래, 맞아!라고 공감하게 된다' '그렇군!(이라고 이해한다)' '절묘해!(라고 감탄한다)' '조금만 바꾸면 더 재미있을 것 같아!'의 네 가지 중에서 선택하게 했다.

흔히 "재미있다"는 말을 안일하게 사용하는 경향이 있는데, 그 '재미있음' 속에는 사실 여러 종류가 있다. 그 점을 분석했다는 데 이 논문의 독자성이 있다.

그러면 학생들에게 '재미있다'는 표를 많이 받은 세 작품을 소개하겠다.

• '구조 개혁'이라고 쓰고 '놋포 아저씨'*라고 읽는다. 그 이유는 '할 수 있을까?'

이것은 '그렇군!'도가 높았다. "할 수 있을까?"라는 말은 조금 위에서 내려다보는 시선이 느껴지기도 하지만, '구조 개혁'이라는 딱딱한 소재를 그와는 아무런 관계도 없는 아동용 방송의 제목과 연결시킨 데는 분명히 "그렇군!"이라며 무릎을 탁 치게 만드는 측면이 있다.

---

* NHK 교육TV에서 1970년부터 1990년까지 방영되었던 아동 대상의 공작 프로그램 〈할 수 있을까?〉에 등장하는 캐릭터.

• '청춘'이라고 쓰고 '친구가 숨긴 실내화'라고 쓴다. 그 이
  유는 '부탁이니 제발 돌려줘'.

이것은 '절묘해!'도가 높았다고 한다. 그런데 청춘을 돌려
달라고 부탁할 만한 나이는 아니지 않나……. 아저씨나 아주
머니였다면 '청춘' 부분에 '머리카락'이나 '피부 탄력' 등이
들어가려나? 뭐, 이 작품이 많은 학생의 공감을 얻었다는 말
은 그들이 청춘을 즐길 여유도 없이 입시에 쫓기고 있다는 의
미일지도…….

• '지우개'라고 쓰고 '중간 관리직'이라고 쓴다. 그 이유는
  '양쪽 모두 몸이 부서져라 일한다'.

어떤가? '그렇군!'을 8표나 획득한 작품이다.

이 경우 17명 가운데 9명이 표를 던졌으므로 절반 이상이
'재미있다'고 느낀 셈이다. 코미디언으로 활동하고 있기에
잘 알지만, 절반 이상에게 '재미있다'고 느끼게 하는 것은 사
실 대단한 일이다.

다만 작품 중에는 학생의 평가는 별로였지만 내가 개인적
으로 '오오, 이거 멋진데?'라고 생각한 것도 있다. 그런 작품

146

을 두 가지 소개하겠다.

- '지우개'라고 쓰고 '미안합니다'라고 읽는다. 그 이유는 '실수했을 때 비로소 사용한다'.

어딘가 시적인 작품이다. '그렇군!'도는 앞에서 소개한 작품과 같은 8표를 얻었지만 한편으로 '무슨 말인지 이해가 안 된다' '너무 당연하다'를 각각 3표씩 받는 바람에 상위 입상에 실패했다.

- '우정'이라고 쓰고 '엔카'라고 읽는다. 그 이유는 '주먹(꺾기)*으로 말한다'.

이 작품의 경우는 '무슨 말인지 이해가 안 된다'가 6표나 있었기 때문에 '이해가 안 되는 그룹'으로 분류되고 말았다. 개인적으로는 뜨거운 우정의 상징이기도 한 '주먹'과 엔카의 '꺾기'라는 언뜻 전혀 상관이 없어 보이는 것을 연결한 매우 절묘한 작품이라고 생각하지만, 최근의 학생들에게는 '이해

* 주먹拳과 꺾기小節의 발음이 같다. 엔카는 한국의 트로트라고 생각하면 크게 다르지 않다.

가 안 되는' 모양이다.

이와 같이 '재미있다'고 생각하는 사람이 있는 반면에 '이해가 안 된다'는 사람도 많은 사례를 보면 코미디언으로서 왠지 남의 일 같지 않게 느껴진다.

- '가족'이라고 쓰고 '인터넷'이라고 읽는다. 그 이유는 '양쪽 모두 자율 분산 협조형'.

그밖에 '이해가 안 된다' 그룹에 속한 작품 중에는, 이처럼 정말 무슨 말인지 모를 것도 있다. 너무 이해가 안 돼서 오히려 웃음이 터졌는데, 필경 머리 좋은 학생의 작품일 것이다. 왠지 안경도 썼을 것 같다.

이 논문에서는 수수께끼가 '재미있었던' 혹은 '재미없었던' 이유를 분류했을 뿐만 아니라 수수께끼가 '이해되기'까지의 반응 속도도 측정했다. 요컨대 수수께끼를 평가하는 학생이 얼마 만에 재미있다고 이해했는지 조사하려 한 것이다.

웃음으로 먹고사는 사람으로서 꼭 한마디 하고 싶다. 이것은 정말 획기적이다! 무엇이 획기적인가 하면, 웃음의 연구에서 이 '이해 속도'는 종종 논란의 대상이 되지만 그럼에도

'재미'와 마찬가지로 그것을 실증하려 한 사람이 지금까지 아무도 없었기 때문이다. 연구자 중에는 "웃음은 의외성에서 온다"라고 주장하는 사람이 많다. 그러나 이 주장에 대해 혹자는 "추리 드라마 등에서 의외의 인물이 범인이면 웃음이 나옵니까? 의외성이 웃음을 유발하는 것이 옳다면 왜 범인을 알아도 웃지 않는지 설명해보십시오"라고 반론한다. 반론하는 사람 중에는 '의외성'이 아니라 이해할 수 있기까지의 '속도'가 문제라고 말하는 사람도 있다. 그들은 "금방 이해할 수 있으니까 웃음이 나오는 것이다"라고 주장한다. 반면에 추리의 경우는 이해하기까지 시간이 걸린다. '그래서 웃음이 나오지 않는다'는 것이다.

이렇게 쓰고 보니 이것이 얼마나 쓸데없는 논쟁인지 새삼 느끼게 되는데, 어쨌든 웃음의 '반응 속도'를 측정한다는 시도는 이런 논란과도 일맥상통하는 측면이 있다.

다시 논문 이야기로 돌아가면, '반응 속도'를 측정하는 방법은 학생이 '수수께끼'를 읽고 재미를 이해한 순간 컴퓨터의 엔터키를 누르는 것이다. 그리고 그 결과 '강하게 재미있는(매우 재미있는)' 작품은 '짧은 시간에 이해한다'는 사실이 판명되었다. 이것은 웃음 연구의 정설과 일치하는 결과다.

그러나 한편으로 '재미있다'고 생각되는 작품은 '재미없다'고 생각되는 작품보다 '판단에 시간이 걸리는' 일도 많았다. 요컨대 '그 이유는 ○○'이라고 들은 뒤에 '아하! 그렇구나!'라고 이해하기까지 조금 시간이 걸리는 일이 많았다는 말이다. 나중에 슬슬 웃음보가 터진다는 바로 그것이다. 이것은 매우 흥미로운 실험 결과였다.

웃음과 속도의 관계에 관한 논의에 파문을 일으킨 이 논문. 연구자로서, 코미디언으로서 크게 참고가 되었음은 두말할 필요도 없다.

상대에게 '재미'를 느끼게 하려면 'A라고 쓰고 B라고 읽는다'라는 형식에서 A와 B의 연관성에 '그렇군!'이라든가 '맞아, 맞아!'라는 생각이 들 만큼의 의외성이 있어야 하고, 그러면서 누구나 '이해할 수 있는' 것이어야 한다. '의외성'과 '누구나 이해할 수 있음'은 모순된 관계처럼 궁합이 나쁘므로 그 균형이 중요하다는 것이 이 논문의 결론이었다. 경험을 통해 어렴풋이 알고 있는 것을 수치화해 말로 표현하는 것. 이 또한 학문의 역할이다.

'수수께끼가 취미'인 사람이 있다면 꼭 염두에 뒀으면 하는 성과다. 다만 나 개인적으로는 '의외성'과 '누구나 이해할 수 있음'의 균형에 관해 좀 더 깊게 파고든 연구 논문을 읽어보고 싶다. 그 균형을 이해할 수 있다면 코미디언 활동에도 활용할 수 있지 않을까 싶다.

아홉 번째 논문

'긴테쓰 팬'이었던 사람들의 생태를 탐구하다

〈오릭스 버팔로즈 홈경기 관전자의 특성에 관한 연구:
구 오사카 긴테쓰 버팔로즈 팬과 구 오릭스 블루웨이브 팬에 주목하며〉
나가타 준야, 후지모토 준야, 마쓰오카 히로타카, 2007년, 《오사카 체육대학 기요》 제38권

오릭스와 긴테쓰

2004년, 55년의 역사를 자랑하던 프로야구단 오사카 긴테쓰 버팔로즈가 해체되어 오릭스 블루웨이브에서 이름을 바꾼 오릭스 버팔로즈에 흡수되었다(선수는 오릭스와 새로 창단한 도호쿠 라쿠텐 이글스에 분배되었다). 구 긴테쓰는 그 유명한 메이저리거 노모 히데오를 배출한 팀이고, 오릭스는 역시 메이저리거인 이치로를 배출한 팀이다. 두 팀 모두 리그 우승 경험이 있고, 스타플레이어뿐만 아니라 실력파 선수도 다수 보유했다. 그런 팀끼리 합쳤으니 당시는 '살다 보니 이런 일이 다 일어나네'라는 생각이 들었다. 준족이었던 긴테쓰의 오이시 다이지로 선수를 참 좋아했는데⋯⋯.

개인적 감상은 이쯤 하고, 이 논문의 취지를 말하자면, '스포츠 소비자를 효율적으로 경기장에 불러들이기 위해서는 스포츠 관전자의 특성을 파악해 각각의 관전자에 맞는 마케팅 전략을 수립할 필요가 있다'는 것이다. 알기 쉽게 말하면 팬이 '사람(=선수)'을 응원하는지, 아니면 '팀'을 응원하는지, 매일 어떤 생활을 하며 어디에서 경기를 보러 오는지 등을 조사해 야구는 물론이고 프랜차이즈 스포츠 팀의 경영에 활용하자는 것이다.

내가 지금까지 본 스포츠 논문의 데이터는 전부 '검도에서 타돌 방향과 죽도 회전 중심의 관계에 관한 연구' 같이 '그 방면의 전문가'가 쓴 아주 구체적인 것들이었다(이것은 이것대로 재미있었지만). 그래서 '경영자의 시각에서 쓴 논문이라니, 신선한걸?'이라고 생각하면서 읽기 시작했는데, 팬의 생태를 이해함에 따라 이런저런 생각을 하게 되었다.

결혼한다면 '긴테쓰 팬'과!

이 논문의 저자들이 선택한 방법은 '설문 조사'였다. 설문 조사라고 하면 보통은 대학 교수가 자신의 강의를 듣는 학생이나 지인이 있는 학교에 부탁하는 '발주 방식'이 많은데, 이 사람들은 그렇게 하지 않았다. 놀랍게도 2005년 8월 20일에 오사카 돔에서 열린 오릭스 버팔로즈 대 홋카이도 닛폰햄 파이터즈 경기의 관전자 약 500명을 대상으로 설문 조사를 실시해 대체 어떤 사람들이 오릭스를 응원하고 있는지 조사한 것이다.

이것은 정말 대단한 작업이다. 요즘이야 스마트폰으로 입장권을 예매하고 팬의 속성을 파악하지만, 이 논문은 그런 기업이 갖고 싶어 안달하는 데이터를 인력으로 수집한 것이다. 직접 현장을 찾아가 관전자에게 설문 조사 용지를 배포하는 낡은 연구 수법이지만, 현장에서만 얻을 수 있는 데이터를 확보했다는 점에서 이런 논문은 큰 가치를 지닌다. 그 시대, 그 장소에서만 얻을 수 있는 데이터라는 것은 몇 년이 지나도 효용이 있고, 무엇보다 합병 직후의 팀에 관한 데이터는 그리 쉽게 얻을 수 있는 것이 아니다.

오릭스 버팔로즈의 팬은 크게 구 오사카 긴테쓰 버팔로즈의 팬과 구 오릭스 블루웨이브의 팬으로 나뉜다. 이 점을 머릿속에 넣어두고 다음의 데이터를 읽기 바란다(이하 오사카 긴테쓰 버팔로즈는 '긴테쓰', 오릭스 블루웨이브는 'BW'로 표기).

• 성별
구 긴테쓰 팬 가운데 남성이 차지하는 비율은 63.3퍼센트, 구

BW 팬 가운데 남성이 차지하는 비율은 67.0퍼센트로 '양쪽 모두 남성의 비율이 60퍼센트가 넘는 높은 수치를 보였다'.

• 연령

구 긴테쓰 팬이 38.33세, 구 BW 팬이 38.92세. 즉, 양 구단 모두 38~39세. 평균 연령 38.63세.

• 기혼율

구 BW 팬의 기혼율은 68.8퍼센트, 구 긴테쓰 팬은 57.8퍼센트.

자, 이 데이터를 보고 무엇을 말할 수 있을까?

먼저, 이 신구단은 '남자의 구단'이다! 특히 구 BW의 팬은 거의 70퍼센트가 남성이다. 학교에서 남학생의 비율이 70퍼센트라면 그 학교는 거의 남학교라고 할 수 있다. 그리고 연령은 약 40세. 아저씨 구단이다. 또한 주목해야 할 부분은 기혼율이다. 구 BW 팬과 구 긴테쓰 팬 사이에 10퍼센트 이상의 차이가 있다!

이제 슬슬 보이지 않는가? 고베의 고급 주택에서 사는 아빠가 주말에 BW의 경기를 보러 오사카로 온 모습이. 그리고 40세의 독신 남성 긴테쓰 팬이 아무거나 걸쳐 입고 돔에 와서 한 손에 맥주 컵을 들고 오징어 다리를 씹고 있는 모습이(어디까지나 내 망상이다).

그러나 이 세상의 여성들에게 말하고 싶다. 결혼한다면

'구 긴테쓰 팬'과 하라고! 연인과도 같은 존재였던 응원 구단이 사라진 지금도 의리 있게 연인의 자취를 좇아 혼자서 야구장을 찾아오는 그 열정! 사랑받고 싶다, 계속 자신만을 사랑해줬으면 좋겠다고 생각하는 여성에게 이보다 좋은 신랑감이 어디 있겠는가?

다만 내 조사에 따르면 30대 후반의 일본 전체 기혼율이 65퍼센트 정도이므로 정상적으로 결혼한 쪽은 오히려 구 BW 팬이라고 할 수 있다. 역시 부자 동네 고베……. 와인 잔을 한 손에 들고 고베 쇠고기를 우아하게 씹으며 야구 경기를 관전하는 모습이 눈앞에 떠오른다(다시 한 번 강조하지만, 어디까지나 내 망상이다).

아, 중요한 사실을 잊고 있었다. 이 논문에는 '풀타임으로 일하고 있는 사람'의 데이터가 첨부되어 있었다.

• 풀타임으로 일하고 있는 사람
구 긴테쓰 팬 58.3퍼센트, 구 BW 팬 57.3퍼센트.

자, 잠깐! 결혼은 일단 보류! 주말에 얻은 데이터가 이런 데 평일이었다면 대체 어땠을지……. 아니, 틀림없이 팀을 응원하기 위해, 야구를 생활을 중심에 두기 위해 고정된 직업을 포기한 대담한 사람들일 거야. 그만큼 사랑이 깊음을 말해주

〈표2〉 개인적 속성

		구 긴테쓰 팬(%)	구 BW 팬(%)
성별			
	남성	63.3	67.0
	여성	36.7	33.0
연령			
		38.33	38.92
혼인 관계			
	기혼	57.8	68.8
	미혼	42.2	31.2
자녀			
	있음	76.6	72.2
	없음	23.4	27.8
직업			
	유직(풀타임)	58.3	57.3
	전업주부	12.0	16.0
	유직(파트타임·아르바이트)	10.5	9.6

※ X_2 검정과 t 검정 결과, 모든 항목에서 유의미한 차이는 발견되지 않았다.

〈표3〉 거주지

	구 긴테쓰 팬(n=202)	구 BW 팬(n=92)
	%	%
오사카 시	22.3	7.6
사카이 시	8.9	7.6
기타 오사카 부	41.5	18.5
효고 현	4.0	43.5
나라 현	11.3	5.4
교토 부	5.0	1.1
와카야마 현	2.5	0.0
기타 도도부현	4.5	16.3
합계	100.0	100.0

는 결과라는 말이지! 그런 사람이라면 평생 여러분을 사랑해 줄 거야!

다만 결혼을 해도 머릿속에 야구만 가득해 전혀 여러분을 상대해주지 않을 가능성도…….

그건 그렇고, 대체 어떻게 생활하고 있는 것일까? 어, 잠깐? 그래! 설문 조사 대상 중에 학생과 아이들도 있으니까 이런 결과가 나온 거야! 하지만 기혼율을 보면…… 여기에 평균 연령도…… 에이, 나도 모르겠다. 그만 생각하자.

그밖의 거주지 데이터를 살펴보면 다음과 같다.

• 구 긴테쓰 팬

오사카 부 내 거주자가 약 70퍼센트(오사카 시 22.3퍼센트, 사카이 시 8.9퍼센트, 기타 오사카 부 41.5퍼센트, 기타 도도부현 27.3퍼센트).

• 구 BW 팬

효고 현이 43.5퍼센트(오사카 시 7.6퍼센트, 사카이 시 7.6퍼센트, 기타 오사카 부 43.5퍼센트, 기타 도도부현 22.8퍼센트).

구 BW 팬은 응원을 하기 위해 이웃 현에서 오사카까지 오고 있다! 역시 부자들인가…….

그리고 지금부터는 드디어 아끼던 팀이 합병된 뒤 심경에 어떤 변화가 있었는지가 드러난다.

- 구 BW 팬

93.8퍼센트가 오릭스 팬이 되었다.

- 구 긴테쓰 팬

70퍼센트가 오릭스 팬이 되었다. 라쿠텐을 응원하는 사람도 16퍼센트나!

이 설문 조사는 오사카 돔에 온 사람을 대상으로 실시한 것이므로 응답자는 당연히 합병한 신구단의 팬이라고 해도 무방한데, 그럼에도 이런 숫자가 나왔다. 이것을 보면 긴테쓰 팬의 방황을 느낄 수 있다. 당시 구 긴테쓰의 이와쿠마 히사시 투수(현 메이저리그 시애틀 매리너스 소속)가 오릭스에 가기를 거부하고 라쿠텐으로 이적한 사건도 있어서인지, 차라리 새로 창단한 팀을 응원하자는 움직임이 긴테쓰 팬 사이에 있었던 것일까?

그리고 이 논문에서는 그들의 깊은 사랑을 '로열티(충실함, 충성심)'라는 명칭으로 측정했다. 구체적으로는 구 긴테쓰 팬과 구 BW 팬 양쪽을 상대로 새로운 팀과 관련해 '구단 자체에 대한 로열티' '선수에 대한 로열티' '감독에 대한 로열티(당시는 고 오기 아키라 감독)' '지역에 대한 로열티(오사카)'를 갖고 있는지 조사했다. 그랬더니 '팀 로열티'는 구 BW 팬이 더 높음이 밝혀졌다. 뭐, 93퍼센트 이상이 오릭스 팬이 되었음을 봐도 당연한 결과라 할 수 있다.

상상해보기 바란다. 긴테쓰에 대해 품고 있었던 사랑을 어디로 향할지 알 수 없어 방황하는 40세 독신 구 긴테쓰의 팬 남성의 심정을. "구 오사카 긴테쓰 버팔로즈가 소멸한 뒤, 구 긴테쓰 팬은 아직 새로운 팀에 애착을 느끼지 못한 것이 아닐까 생각한다." 논문에는 이렇게 적혀 있다.

그러나! '선수에 대한 로열티'의 경우는 구 긴테쓰 펜이 더 강함이 판명되었다. 그 이유에 관해 논문에서는 이렇게 분석했다. 팀은 소멸했지만 "오사카 긴테스 버팔로즈에서 뛰었던 선수에게 자신의 정체성을 둠으로써 자신을 납득시키려는 의식이 있기 때문이 아닐까 생각한다"라고.

'자신을 납득시키려는' 기분이라고? 이거 차인 남자의 심경 아니야? 자신과 헤어진 연인이 다른 남자와 사귀고 있음을 알고 "그래, 잘된 일이야"라고 말할 때 '자신을 납득시킨다'라는 표현을 쓰던데……. '나는 팀이 아니라 기타카와*를 좋아했어!'라고 생각함으로써 결과적으로 오릭스의 팬임을 받아들이려 했다는 말일까?

축구에 비해 부족한 데이터

나는 이 논문을 읽고 구 긴테쓰 팬의 비애가 보일락 말락 하
는 오묘함을 느꼈는데, 일단 그 후 궁금하게 생각한 점에 관
해 독자적으로 조사를 했다.

첫 번째 의문은 관전자의 평균 연령 38세가 과연 높은 수
치냐 낮은 수치냐는 점이었다. 이에 관해서는 축구의 데이
터이지만, J리그=37.3세(2009년도), 그리고 영국 프리미어
리그=42세임을 볼 때 그렇게 높은 편은 아님을 알 수 있었
다. 그러나 이런 데이터는 '자녀를 데리고 가느냐 그렇지 않
느냐?'에 따라 달라지므로 일률적으로 판단할 수는 없음을
명심해야 한다. 야구는 자녀를 포함해서 평균 연령이 38세이
고 축구는 어른만으로 평균 연령이 37세라면 데이터의 분포
가 상당히 달라지기 때문이다(참고로 이들 데이터가 자녀를 포함
했는지의 여부는 알 수 없다).

---

* 2001년에 오사카 긴테쓰 버팔로즈의 퍼시픽리그 우승을 결정짓는 9회말 대타 역전 끝
내기 만루 홈런을 쳤는데, 공교롭게도 당시 상대팀이 오릭스 블루웨이브였다.

조금 조사해보고 안 사실은, 축구의 경우 일본이든 해외든 이런 데이터를 적극적으로 수집하며 이 데이터를 바탕으로 팬의 마음을 붙잡기 위한 노력을 하고 있는 반면에 유독 야구의 경우는 이런 데이터가 거의 없다는 점이다. 조사를 안 하는 것이다. 가령 J리그의 경우는 홈경기를 15회 이상 보러 온 팬이 내장객의 54퍼센트를 차지한다는 데이터가 있고 또 이것을 공표도 했기 때문에 이를 통해 열성적인 팬이 모여드는 한편으로 신규 팬의 유입도 있음을 알 수 있다. 그러나 야구에는 그런 데이터가 없다. 있어도 공표하지 않는다. 구단의 소유주들은 자신의 팀만 생각할 뿐 야구계 전체의 수준을 높이자는 의식이 거의 없기 때문에 공표하지 않는 것이리라. 애초에 팀이 약해도 J2처럼 하위 리그로 강등될 걱정이 없으므로 그 지위에 안주하는 것인지도 모른다. 최근 들어 홋카이도 닛폰햄 파이터스나 도호쿠 라쿠텐 골든이글스 같은 새로운 구단이 이런 조사를 중점적으로 실시해 성공한 사실은 널리 알려진 대로다.

오릭스 팬에게 직접 물어봤다!

마지막으로, 오릭스 팬인 내 지인에게 전화를 걸어서 직접 물어봤다.

나　"다른 구단을 보고 우리 구단에서 도입했으면 좋겠다고
　　생각한 것이 있나요?"
팬　"닛폰햄은 응원가에 여성 파트를 만드는 등 여성 팬을 획
　　득하려고 노력하고 있지. 그래서 여성 팬이 많아. 이런 것
　　은 본받았으면 좋겠어."
—아하, 신규 고객을 모으고 있는 구단은 그런 노력도 하고
있었군. 가령 내장객 중에 남성의 비율이 높다는 데이터가 있
다면 이번에는 여성 고객을 늘리자는 구단도 생겨나겠지.

나　"요즘 오릭스 경기를 봤을 때 팬들 분위기는 어떤가요?"
팬　"아직 BW의 유니폼이나 긴테쓰의 유니폼을 입고 있는
　　팬이 많아."
—역시 구 BW 팬, 구 긴테쓰 팬의 마음은 여전히 복잡한 모
양이네.

나　"합병 초기에 관중석은 어떤 분위기였나요?"
팬　"합병 초기에는 차분한 응원을 하던 BW 팬들이 시끄러
　　운 긴테쓰의 응원에 적응하지 못하는 경우도 있었지."
—역시 응원에 관해서는 구 긴테쓰 팬 중에 거친 사람이 많은

모양이구나. 아저씨들이 단체로 시끄럽게 나팔을 불며 응원하는 모습이 떠오르는군.

이런 관중석의 모습에도 흥미가 샘솟아 좀 더 구체적으로 물어봤다.

나 　"BW 시절의 자취로는 무엇이 남아 있나요?"

팬 　"BW 시절에는 간사이와 간토의 응원 방식이 달랐는데, 그 자취가 지금도 남아 있어. 가령 다구치*의 응원 구호를 보면 간사이에서는 '날려버려, 다구치!'라고 하고 간토에서는 '다구치, 다구치, 날려버려, 다구치!'라고 해. 하지만 지금은 긴테쓰의 응원 단장이었던 와다 씨가 독자적이고 일체화된 응원을 만들어서 팀의 사기를 높이고 있지. 그래서 이제는 팀으로서 하나가 되었다고 실감하곤 해."

—와다 씨가 누구지? 난 그런 사람 모른다고. 응원으로 유명한 분인가 본데, 처음 알았네. 그런 리더가 양쪽 팬의 인간관계나 구단의 위기를 극복하고자 매일같이 활약하고 계시구나.

---

* 다구치 소. 오릭스 블루웨이브에서 이치로와 함께 철벽 외야를 형성했던 선수. 미국으로 건너가 세인트루이스 카디널스에서 월드 시리즈 우승을 차지하기도 했다.

결국 마지막은 인간이다. 한 사람의 힘이 마케팅 등을 초월한 힘을 발휘함을 보여주는 사례이리라.

일본에서는 스포츠에 관한 연구가 뒤처지고 있는 것이 현실인데, 앞으로는 이런 시점의 논문도 늘어날지 모른다. 이 논문의 핵심적 존재인 오사카 체육 대학의 후지모토 선생은 이후에도 '스카이마크 스타디움과 오사카 돔의 오릭스 버팔로즈 경기 관전자'를 대상으로 설문 조사를 실시하는 등 정력적으로 연구를 계속하고 있다.

열 번째 논문

현역 '도코야마' 설문 조사

〈현대에 살아 숨 쉬는 마게 III: 스모 현역 도코야마 설문 조사에서〉
시모이에 유키코, 2008년, 《야마노 연구 기요》 제16호 야마노 미용 예술 단기대학

'비기'로서 전수되고 있는 기술

스모 선수의 마게(상투)를 트는 직업을 '도코야마'라고 한다. 이 논문은 그런 도코야마의 생태를 탐구한 연구다. 그런데 이 논문이 실린 잡지의 제목인 《야마노 연구 개요》를 보고 '어?' 라고 생각한 사람도 있을 것이다. 발행원이 야마노 미용 예술 단기대학, 요컨대 그 유명한 야마노 미용 전문학교의 계열인 것이다!

'아하, 그렇군. 미용의 관점에서 연구한 논문이구나' 이렇게 생각하니 논문의 취지가 조금은 이해됐지만, 사실 미용사가 마게를 틀 일은 거의 없고 마게를 틀지 않아도 먹고사는 데는 별 지장이 없다. 그러나 일본의 전통적 헤어스타일인 마게가 지금은 스모의 세계에서만 명맥을 유지하고 있다는 사실은 매우 흥미롭다. 또한 이 논문은 언젠가 사라질지도 모르는 스모 문화 속에서 살고 있는 '도코야마'의 실태를 기술했다는 측면에서 역사적 가치가 있는 연구인지도 모른다. 그렇게 생각하면서 논문을 읽어보자.

순위표에 최고위 도코야마의 이름이 실리게 된 2008년 1월 대회 전까지, 300년에 이르는 스모의 역사에서 도코야마의 존재가 무대 전면에 드러난 적은 없었다. 그들은 어디까지나 무대 뒤의 숨은 조력자였다. 그리고 도코야마가 마게를 트는 기술은 지금까지 개개인의 기술에 의존할 뿐 체계적으로 전승되지 않았다고 한다. 설령 기술을 전수한다 해도 스모 도장, 즉 일문一門 내에서만 이루어졌었다고 한다. 그야말로 일인전승이었던 것이다. 그러나 질이 평준화되지 않으면 곤란하다는 생각에서 2007년부터는 매년 3회씩 전체를 대상으로 강습회 등도 열리게 되었다고 한다. 요컨대 최근까지는 검술처럼 비기로서 전수되었다는 이야기다. 역시 일본 최후의 비경秘境이자 성역인 스모의 세계답다는 생각이 든다.

이 논문의 제목이 '현대에 살아 숨 쉬는 마게 III'인 것을 보고 짐작한 독자도 있겠지만, 'I'과 'II'도 있다. 요컨대 이것이 마게에 관한 세 번째 논문인 것이다. 이것을 보면 논문의 저자인 시모이에 선생은 스모 선수의 마게를 매우 좋아하는 모양이다. 참고로 'Ⅰ'의 제목은 '마게가 잘 어울리는 외국인 스모 선수'이고, 여기에서는 고토슈*의 사진 등을 근거로 마게가 일본인에게만 어울리는 헤어스타일이 아니라고 주장했다. 또 'Ⅱ'의 제목은 '당대 스모 선수의 착의 사정편'인데, 주로 고토슈의 사진을 예로 들면서 마게가 잘 어울리는 옷으로 기모노와 유카타를 거론했다. …… 혹시 고토슈 팬인가!? 아니면 잘생긴 선수는 다 좋아하는지도!? 그런 인간적인 모습이 엿보이는 것도 이 논문의 오묘함이다. 연구자를 선형적으로 추적하다 보면 이런 사실을 알게 될 때도 있다.

그러나 이번 논문의 경우 그런 미남 스모 선수 선호 경향은 보이지 않고, '도코야마'라는 무대 뒤의 숨은 조력자가 주인공이다.

51명 가운데 '특등'은 단 두 명!

이 논문의 설문 조사에 참가한 도코야마는 모두 23명인데, 전원이 20년 이상의 경력을 지닌 숙련자다. 그중에는 순위표에

---

* 불가리아 공화국 출신의 전 스모 선수. 요코즈나에 이어 두 번째로 높은 계급인 오제키까지 올랐다.

도 이름이 실리는 특등 도코야마인 '도코쿠니' 씨와 '도코주' 씨도 있다. 참고로 도코야마에는 특등부터 시작해 1~5등까지 전부 여섯 계급이 있는데, 경험과 실력에 따라 견습, 젠자, 후타쓰메, 신우치, 대간판으로 나뉘는 라쿠고의 세계와 비슷하다. 그런데 생각해보니 미용사도 이렇게 계급을 만들면 좋을 것 같다. 그래 봤자 보조, 스타일리스트, 카리스마 스타일리스트 정도겠지만…….

2007년 현재 도코야마의 수는 51명이다. 이 가운데 특등 도코야마는 근속 45년 이상, 만 60세 이상의 도코야마 중에서도 특히 우수한 사람, 혹은 근속 30년에서 45년 미만인 도코야마 가운데 매우 우수한 성적을 낸 사람만이 될 수 있다고 한다. 그리고 이 논문을 집필할 당시 특등은 단 두 명이었다. 요컨대 시모이에 선생은 그 투톱을 전부 확보한 셈이다.

계기 1위는……?

설문 조사의 내용은 "그럭저럭 마게를 잘 틀었다고 느끼기까지 얼마나 걸렸습니까?"라든가 "도코야마가 되기를 잘했다고 생각했을 때는 언제입니까?" 같은 질문 17개이고, 객관식이 많았다.

그러면 질문과 그에 대한 회답을 요약해서 소개하겠다.

두 번째 질문: "도코야마가 된 동기와 계기는 무엇입니까?"

"그냥 스모가 좋았다" "스모 선수를 지망했다" 같이 역시 스모를 좋아하는 사람들다운 대답이 상위를 차지했는데, 1위는 '지인의 소개'였다.

1위가 지인의 소개였어!? 이래서는 낭만이 없잖아! 대체 어떤 지인이야!? "너, 도코야마 해볼래?"라고 물어보는 사람이 주위에 흔히 있을 리가 없잖아! 그 지인, 나한테도 소개해줘!

물론 개중에는 "내가 스모 도장의 관계자에게 연락했다"라는 적극적인 대답도 있었다. 다만 도코야마가 되기 위한 조건은 '만19세까지의 남성'으로 한정되어 있기 때문에 인생의 상당히 이른 시기에 결단을 내려야 하는 직업이라고도 할 수 있다. 한창 놀고 싶은 혈기왕성한 나이에 '나는 도코야마가 되겠어!'라니, 굉장한 결단이라고 생각하지 않는가? 19세의 나이에 지인에게 운명을 맡겨도 되느냐는 생각도 들지만, 역시 전통 기예인 만큼 그런 폐쇄성이 낭만을 낳는 요인이 아닌가 싶기도 하다. 참고로 정년은 65세(일본에서는 정년을 '定年'으로 표기하는데 일본 스모 협회에서는 '停年'이라고 쓴다)라고 한다. 의외로 견실한 직업이군.

세 번째 질문: "처음 마게 트는 법을 배웠을 때 무슨 생각을 했습니까?"

역시 "어려워 보였다"가 13명으로 제일 많았지만, "무슨 생각을 할 여유 자체가 없었다"라는 사람도 꽤 많았다. 반면에 "의외로 간단하다고 생각했다"라고 대답한 사람도 4명 정도 있었다. '다들 꽤 솔직하게 대답하네……'라고 생각한 순간, '기타'를 선택하고 "선배가 무서웠다"라고 쓴 사람이 한명 있는 것이 아닌가! 설문 조사라고는 하지만 이거 말해도 되는 거야!? 이런 식으로 이따금 나타나는 '솔직한 회답'이 이 논문을 더욱 매력적으로 만든다.

다섯 번째 질문: "처음 오이초를 틀기까지 얼마나 걸렸습니까?"

'오이초大銀杏'는 계급이 주료十両 이상인 스모 선수만이 틀 수 있는 마게로, 끝이 은행잎과 비슷하다고 해서 이렇게 부른다. 이것을 틀려면 일정 수준의 기술이 있어야 하기 때문에 틀림없이 상당한 시간과 경험이 필요할 것이다. 요리의 세계에서도 훌륭한 요리사가 되기까지 10년 이상 걸리고, 라쿠고가 역시 신우치가 되려면 15년 정도 걸린다.

그래서 회답의 평균을 내봤더니…… '4~5년'이 나왔다. 뭐? 4~5년이었어!? 예상과 많이 차이가 나니 조금은 허탈한 기분도 든다. 그런데 어라? 딱 한 명이지만 '1시간'이라고 대답한 사람이……? 아무래도 오이초를 틀기 시작해서 다 틀 때까지 걸리는 시간으로 착각한 모양이다. '덜렁대는 도코야마도 있구나' 하고 생각하니 왠지 마음이 따스해졌다. 이렇게 논문 속에 숨어 있는 청량음료 같은 포인트를 발견할 때야말로 진기한 논문 사냥꾼으로서 행복을 느끼는 순간이다.

그리고 거의 모든 대답에 '기타' 회답을 한 사람이 두 명 있었는데, 아무래도 전부 같은 사람들인 듯하다. 가령 '질문 4'의 경우는 각각 "어떤 선수의 마게든 제대로 모양을 만들기까지 10년 이상 걸렸다" "지금도 자신이 없다"라고 회답했다.

"아니, 그런 질문이 아니라……"라고 자기도 모르게 태클을 걸고 싶어지는 교과서적인 회답을 하는 도코야마도 있었던 모양이다.

"평생 공부해야 합니다" "매번 배우는 자세로 임합니다"라는 장인 기질이 엿보이는 회답 또한 논문에 감칠맛을 더했다.

여섯 번째 질문: "오이쵸를 틀 때 중요한 부분은 어디일까요?"
질문의 선택지에는 들어본 적도 없는 용어가 가득했다.
① 머리 위에 어떤 식으로 얹었는가
② 마게 끝을 얼마나 벌어지게 하는가
③ 빈을 어느 정도 부풀리는가
④ 다보를 얼마나 내미는가

⑤ 머리카락의 흐름

⑥ 전체적인 균형

⑦ 기타

이게 무슨 소리야!?

'빈^鬢'은 '머리의 좌우 측면'이고, '다보^髱'는 '머리 뒤쪽에 튀어나온 부분'이다. 여러분은 알고 있었는가?

'여섯 번째 질문'에서 가장 많았던 회답은 ⑥의 '전체적인 균형'이었다. 꽤 기대했는데 대답이 의외로 무난해 조금 실망했다. 하지만 생각해보면 그도 그럴 것이, 사람에 따라 두상도 다르고 머릿결도 다르므로 '전체적인 균형'이 가장 중요할 수밖에 없다. 그리고 이것이 또한 장인의 실력을 가늠할 수 있는 부분이다.

일곱 번째 질문: "마게를 틀 때 고민거리가 있다면 무엇입니까?"

① 스모 선수들의 탈모, 박모

② 스모 선수들의 머릿결 차이

③ 스모 선수들의 협력 부족(가만히 있지 않는다, 자세가 나쁘다 등)

④ 머리를 잘 감지 않아 불결한 스모 선수

⑤ 손이 거칠어짐

⑥ 치통 등*

⑦ 요통, 어깨 결림

회답 중에서 가장 많았던 것은 ②의 '머릿결 차이'로 16명이었고, 다음은 ⑦의 '요통, 어깨 결림'으로 12명이었다. 요통과 어깨 결림은 직업병일 것이다. 그리고 의외로 ③의 '스모 선수들의 협력 부족'이라고 대답한 사람도 8명이나 됐다. 경기 전에 흥분이 되어 가만히 있지 못하는 선수도 있을 것이다. 누군가와 이야기하거나 성격이 진득하지 못한 선수도 있을지 모른다. 그래도 도코야마는 묵묵히 마게를 트는 것이다.

연구 논문을 위한 설문 조사의 경우 질문 내용과 선택지가 매우 중요한데, 이 '도코야마 논문'은 질문과 선택지의 구석구석에서 스모에 대한 깊은 이해와 애정이 엿보인다. 여기에서도 시모이에 선생이 얼마나 스모를 좋아하는지 잘 알 수 있다.

열한 번째 질문: "머리카락을 매면 스모 선수의 몸 상태나 심리를 알 수 있습니까?"

이 질문의 경우는 의도가 잘 이해되지 않았는데, '숙련된

---

* 마게를 맬 때 머리를 묶기 위해 '모토유이'라는 끈을 사용하는데, 이 끈을 입에 물고 당겨야 하기 때문에 치아와 턱을 많이 사용한다.

도코야마는 머리카락을 만진 순간 스모 선수의 모든 것을 알수 있을지도!?'라는 기대감의 발로일까? 흔히 프로야구의 불펜 포수는 공 하나만 받아봐도 투수의 그날 컨디션을 알 수있다고 하는데, 그런 것을 기대했는지도 모른다. 그 궁금함을도코야마에게 직접 물어봄으로써 풀려고 한 것이다.

이에 대해 압도적으로 많았던 대답은 "알 수 있을 때도 있고 알 수 없을 때도 있다"였다. 이게 무슨 "내일은 비가 내리거나 내리지 않겠습니다" 같은 소리야! 대답은 했지만 전혀대답이 되지 않잖아! 프로야구 경기에서 "아…… 몸에 맞는공이 나왔네요. 이건 맞은 타자도 아프지만 던진 투수도 아픈데요"라는 요상한 해설을 듣는 기분이다. 다만 전혀 모르는것은 아니고 조금은 알 수 있을 때도 있음을 확인했다는 것이그나마 위안이다.

스모 선수의 머리카락만 만져도 감이 잡힌다면 그 사람은'특등' 도코야마일 것이다.

열두 번째 질문: "'도코야마로서 기쁠 때, 도코야마가 되기를 잘했다고 생각할 때'는 언제입니까?"

"멋진 마게를 틀었을 때" "자신이 일본 문화의 국기國技인스모를 뒷받침하고 있다는 의식을 가질 때" "요코즈나, 오제키 등 인기 선수의 마게를 틀었을 때" "내가 튼 마게가 선수의 풍모를 높였을 때" 등의 대답이 대부분이었다. '선수의 풍모'라는 표현이 멋지다. 내가 스모 선수였다면 나의 풍모를 높인 자신을 자랑스럽게 생각하는 그런 도코야마에게 마게를 틀어 달라고 부탁하고 싶다. 도코야마로서의 자부심도 엿볼 수 있어 마음이 따스해진다.

소수 회답으로는, "신문이나 잡지 등에 사진이 실렸을 때" "선수들이나 사범님께서 밥을 사주실 때, 혹은 유명한 음식점에서 식사를 할 수 있을 때" "사회 지도층이나 유명인 스모 팬과 친분을 맺을 수 있을 때" 등 조금은 세속적인 것도 있었다. 그러나 사실 이런 것이 사람의 심리가 아니겠는가? 오히려 솔직해서 호감이 간다.

열네 번째 질문: "지금까지 도코야마로서 경험했던 일화로는 무엇이 있습니까?"

시모이에 선생은 이 질문에 대해 "팬이 즐거워할 만한 재미있는 일화를 기대했다"라고 의도를 밝혔는데, 결과는 '특별히 없다'가 대다수를 차지했다. 14개나 질문을 받다 보니 도코야마들도 슬슬 귀찮아졌는지도 모른다. 실망하는 시모이에 선생. "해외 연수에서 즐거웠던 일에 대해 짤막하게 언급한 회답이 한 건 있었다"라고 썼는데, 기분 탓인지 모르지만 섭섭함이 느껴졌다. 눈물 고인 눈으로 논문을 쓰는 시모이에 선생의 모습이 떠올라 눈물이 앞을 가린다. 이와 같이 기대대로 진행되지만은 않는 것이 설문 조사다. 그러나 예상 밖의 결과를 얻을 수 있다는 것이 설문 조사의 묘미이기도 하다.

시모이에 선생은 도코야마들의 냉담한 회답에 대해 "내용은 짤막했지만"이라고 간단히 언급하는 데 그쳤지만, 마지막에는 "표현은 간단하지만 스모 협회의 일원으로서의 큰 자각과 책임감이 엿보여 깊이 감동했다"라고 훈훈하게 마무리했다.

설문 조사가 주체인 논문은 이런 점도 재미있다. 예상 이상이든 예상 이하든 그 학술적 가치는 동등한 것이다.

열한 번째 논문

'끝말잇기'는
어디까지 계속될까?

〈최장 끝말잇기 문제의 해법〉
이누이 노부오, 시나노 유지, 고노이케 유스케, 고타니 요시유키, 2005년,
《정보 처리 학회 논문지: 수리 모델화와 응용》 Vol. 46

끝말잇기는 상대가 적절한 단어를 생각해내지 못하거나 어미에 '응ㅅ'이 붙는 단어를 말하면 지는 '심심풀이 게임'이다. 그런데 이 끝말잇기에 도전한 학자들이 있다. 다만 그들이 연구한 것은 '빨리 이기기 위한 방법'이 아니라 '얼마나 오래 놀 수 있을까?', 즉 '얼마나 오랫동안 끝말잇기를 계속할 수 있을까?'다. 이미 짐작했겠지만, 바로 이것이 이번에 소개할 '최장 끝말잇기 문제'다.

　다만 수많은 사람을 모아놓고 끝말잇기를 시킨 것은 아니다. 이 논문은 학자 네 명이 썼는데, 머리 좋은 어른 네 명이 끝말잇기 풀리그 대회를 연 것도 아니다.

　그렇다면 무엇을 했을까?

최대한 오랫동안 끝말잇기를 할 수 있는 프로그램을 만든다는 목표 아래 컴퓨터로 계산을 한 것이다! 정신이 아득해질 것 같은 작업이지만, '어떻게 될지는 해보면 알 거 아니야, 이 바보야!'* 정신으로 진지하게 끝말잇기에 몰두한 논문이다.

의외로 유명?

이 논문을 잘 읽어보면 이 '최장 끝말잇기 문제'는 슈퍼컴퓨터 등을 연구하는 이과 계열 학자들에게는 상당히 유명해서 예전부터 끊임없이 만들어져온 모양이다. 얼마나 빨리 계산할 수 있는 컴퓨터인지, 단어 데이터베이스를 얼마나 구축할 수 있는지 측정하기 위한 일종의 잣대가 이 '최장 끝말잇기 문제'인 것이다. 끝말잇기를 어디까지 계속할 수 있느냐로 그 컴퓨터의 처리 능력을 파악하자는 의도인 모양이다.

끝말잇기와 컴퓨터의 역사를 살펴보면(그런 역사가 있었단

---

* 약간 다른 부분이 있지만 일본의 레슬링 선수 안토니오 이노키가 팬들에게 남긴 은퇴 인사를 인용한 것으로 보인다. 원문은 이렇다. "이 길을 가면 어떻게 될지, 걱정하지 말지어다. 걱정하면 길은 없으니. 발을 내디디면 그 한 발이 길이 되고, 그 한 발이 길이 된다네. 망설이지 말고 가라. 가보면 알 수 있을 테니." 기요사와 데쓰오가 1951년에 발표한 〈길〉이라는 시의 구절인데, 어째서인지 이노키는 에도 시대의 승려인 잇큐 소준이 남긴 말로 알고 있었다.

말인가!), 과거에는 인간과 겨룰 수 있는 프로그램이나 끝말잇기를 할 때 선수先手가 유리한지 후수後手가 유리한지 등을 계산하는 프로그램도 개발되었다고 한다. '끝말잇기 업계'는 우리가 모르는 사이에 거대하게 성장하고 있었던 것이다. 그리고 여기에서 소개하는 '최장 끝말잇기 문제'는 승부는 제쳐두고 '얼마나 오래 계속할 수 있을까?'를 실험한 것이다. 엘리트 중의 엘리트들이 진지하게 놀고 있는 느낌, 푸아그라로 만두를 빚는 것 같은 재능 낭비라는 느낌이 들지 않는가? 내가 하고 싶은 생각은 없지만, 어떤 결과가 나왔을지 살짝 엿보고 싶다.

역시 이과! 이과의 발상을 배우자

지금부터가 이과 사람들 정말 대단하다고 생각하는 부분인데, 이 문제를 풀기 위해 그들은 먼저 단어를 분류했다. 단어를 분류했다고 하면 명사나 형용사, 동사 같은 품사로 분류하는 방식을 떠올릴지도 모르는데, 그런 것이 아니다. 잘 생각해보기 바란다. 끝말잇기에 필요한 것은 단어의 첫 번째와 마지막 글자뿐이다. 가령 일본어에서 '신호기'와 '사계' '시가라키' '주기' '신세기' '물보라'는 전부 '시'로 시작해서

'키'로 끝난다.* 핵심은 '시'로 시작해서 '키'로 끝나는 의미가 다른 단어가 얼마나 있느냐다. 품사 따위는 전혀 중요하지 않다.

그래서 예컨대 '시키' 그룹을 만든다. 이것은 '시'로 시작해 '키'로 끝나는 단어의 그룹이다. 이런 식으로 일본어의 단어를 전부 2문자 그룹으로 변환한 것이다. 처음과 마지막 글자만을 기준으로 그룹을 나누자는 발상. 이런 냉철한 발상을 본받고 싶다. '끝말잇기 매드 사이언티스트'들에게 단어의 의미 따위는 아무래도 상관없는 것이다.

다음에는 단어를 연결해나가는 작업에 들어간다. 예를 들면 '아이' 그룹의 뒤에 '이스' 그룹을 연결하고, 그 뒤에 '스카' 그룹을 연결한다. 그리고 여기부터가 이 문제의 핵심인데, '아이' 그룹 다음에 '이카' 그룹을 연결하느냐 '이스' 그룹을 연결하느냐, '이마' 그룹을 연결하느냐에 따라 최종적인 연결 길이가 달라진다. 이걸 계산할 생각을 하니 골치가 아파온다…… 장기나 체스에서도 몇 수 앞을 읽고 그 예상을 바탕으로 역산을 해서 최선의 수를 둔다. 컴퓨터가 장기나 체스를 둘 때도 그런데, 단어 연결 패턴을 단순히 생각하면 '아

---

* '신호기信号機'는 'しんごうき', '사계四季'는 'しき', '주기周期'는 'しゅうき', '신세기新世紀'는 'しんせいき', '물보라'는 'しぶき'라고 표기한다. 모두 'しし'로 시작해 'キき'로 끝난다.

이' 뒤에 이어지는 '이ㅇ'의 'ㅇ'에 들어갈 가나는 '아'부터 '오'까지 전부 47가지다. 그리고 그 뒤에도 계속 '47패턴 중 어느 것이 최선인가?'라는 계산이 이어진다. 게다가 어떤 그룹은 단어가 적지만 어떤 그룹은 단어가 많다. 이것을 상상해 보기만 해도 이 최장 끝말잇기 문제가 얼마나 어려운지 이해할 수 있을 것이다.

'탐색 나무'라는 트리가 있다. 이것을 보면 여기에서 이야기한 것의 메커니즘이 일목요연해진다. 그리고 이 논문에서는 그 계산을 '그래프 이론'이라는 최신 이론에 따라 실시했다. 어떤 계산인지 간략하게 설명하면, "'아아' 그룹, '아이' 그룹, ……이라는 집합에서 집합으로 이어지는 사상寫像의 화살표 관계의 흐름을 전부 더한 합을 최대화해 LP 기반의 분기 한정법에 따른 해법을 구하면 된다"고 한다. ……네, 솔직히 저도 무슨 말인지 모르겠습니다. 본문에는 내가 본 적이 없는 기호, 어떻게 읽는지도 모르는 식, 그리고 수많은 숫자(어째서인지 글꼴의 크기가 다른 숫자도 있다!)가 나온다. 물론 소리 내서 읽을 수도 없다. 읽는다고 해도 아마 혀가 꼬일 것이다. 답을 내기 전에 뇌가 터져버릴 것만 같다. 흥미가 있는 독자는 본 논문을 참조하거나 수학을 잘하는 친구에게 물어보기 바란다.

그리고 이 '최장 끝말잇기 문제'의 결과를 본 나는 충격을 받
았다. 단어의 수가 13만 7,335개인 사전(일본어사전으로서는
중형에 속하는 《고지엔》의 단어 항목)으로 계산했을 경우 무려
56,519단어나 이어진 것이다. 이것이 '최장 끝말잇기 문제'
의 해답이다.

　더욱 놀라운 점은 이것을 계산하는 데 걸린 시간인데, 불과
0.53초였다! 1초도 걸리지 않은 시간, 말 그대로 눈 깜짝할 시
간에 처리한 것이다!

　같은 끝말잇기를 사람이 한다면 단어를 생각해서 말하기
까지 10초가 걸린다고 가정하고 계산할 경우 9,419분이 걸린
다. 한숨도 안 자고 해도 엿새 반이나 걸리는 것이다. 컴퓨터
는 인간보다 약 106만 배나 빠르다!

　독자 여러분 중에는 '끝말잇기 같은 걸 계산해서 뭐에 쓰
려는 거지?'라고 생각하는 사람도 있겠지만, 사실은 이런 언
뜻 무의미해 보이는 연구에 학문의 참맛이 숨어 있다. 이런
연구에서 밝혀진 사실이나 구축된 이론은 우리의 실생활에
확실히 도움을 주고 있다. 이런 처리 능력이 높은 컴퓨터가
여러분의 주위에 있는 전자 기기 등에 사용되고 있음은 두말
할 필요도 없다.

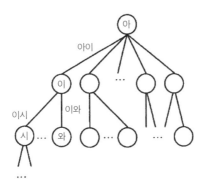

〈그림1〉 탐색 나무를 이용한 끝말잇기의 표현

지금까지 끝말잇기를 얼마나 오래 계속할 수 있는지를 연구한 논문을 소개했는데, 내가 수집한 진기한 논문 중에는 실생활 속에서 친근한 게임을 주제로 한 것이 여러 개 있다. 그중하나가 여러분도 반드시 한 번은 해봤을 터인 '사다리 타기'다. 이것을 연구한 논문에 따르면, 위에서 아래로 내려가는유형의 사다리 타기는 가로선이 적으면 가장 왼쪽 열에서 시작했을 때 가장 왼쪽 열에 도착할 가능성이 낮다고 한다. 그래서 '어디서 출발해도 목적지에 도착할 확률이 균일하도록사다리를 만들 수는 없을까?'라는 것이 연구자들 사이에서

Vol. 46　No. SIG 2(TOM 11)

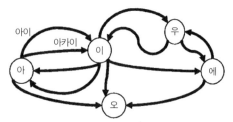

(a) 단어가 유향변에 대응할 경우

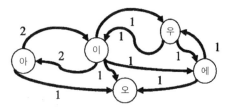

(b) 단어 수가 유향변의 용량에 대응할 경우
〈그림2〉 끝말잇기의 모델

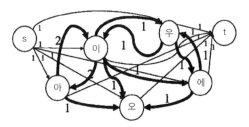

s에서 나오는, 그리고 t로 들어가는 유향변의 용량 1, 기타
유향변의 용량은 사전의 단어 수에 따라 결정된다.
〈그림3〉 보조 네트워크에 따른 그래프 표현

▲ 처음에는 위와 같이 간단했던 그림이 나중에는 아래와 같이 난해해진다.
이 사람들 머릿속은 대체 어떻게 되어 있는 거지? (저자)

190

줄곧 논의되고 연구되어왔다. 그리고 그 과정에서 실로 다양한 유형의 사다리가 고안되었다가 폐기되는 일이 반복되었는데, 내가 가진 논문(1985)의 저자인 우치무라 게이스케 씨는 논문에서 '원형 사다리'를 제안했다. 이것은 일반적인 사다리와 달리 원의 중심에서 출발해 바깥쪽을 향해 나아가는 사다리다. 이렇게 하면 확률이 거의 균일해져 결과도 평등해진다고 한다.

가위바위보 논문

가위바위보를 수리적으로 연구한 논문도 있다. 난잔 대학의 스자키 마사부미 씨와 오자키 슌지 씨가 쓴 〈새로운 가위바위보의 제안과 확률론적 및 점근 해석〉이 그것이다. 제목에서 '~제안'이라는 부분까지는 이해가 되는데, '확률론적~' 이하는 무슨 말인지 모르겠다.

이 논문의 재미있는 점은 가위, 바위, 보에 '손 모양'을 한 가지 더 추가할 경우 가위바위보가 어떻게 바뀔지를 연구한 것이다. 20명이 동시에 시작해 한 명이 남을 때까지 가위바위보를 계속할 경우, 세 가지 패턴을 사용하는 평범한 가위바위보라면 평균 1,142.9회가 걸리지만(실제로 했다가는 승부가 나기 전에 먼저 건초염에 걸릴 것 같다) 네 가지 패턴이 되면 평균 82.67회로 빠르게 승부가 결정된다고 한다. 획기적인 가위바위보!

다만 이 논문에서는 네 번째 '손 모양'을 어떻게 할지에 대해 다루지 않았다. 이렇게 '개념'이 선행되는 논문도 이과의 특징이다. 먼저 이렇게 생각할 수도 있다는 제안을 적극적으로 하는 것도 학문의 즐거움이다.

학문은 과학이므로 본래대로라면 이과도 문과도 없다. 그래도 여기에서 소개한 것과 같이 "이 수학밖에 모르는 바보!"라는 말이 저절로 나올 만큼 논리가 작렬하는 논문을 보면 역시 "아아, 저도 모르겠습니다. 마음대로 하십쇼"라고 말하고 싶어진다. 이과 계열에는 논리 따지기 좋아하는 나를 상대하는 일반 사람들의 기분이 어떨지 깨닫게 해주는 귀중한 논문이 많다.

열두 번째 논문

'가슴의 출렁임'과 브래지어 위치의 어긋남

〈주행 중의 브래지어 착용 시의 유방 진동과 어긋남의 특성〉
오카베 가즈요, 구로카와 다카오, 2005년, 《일본 가정학회지》 56 No. 6

오묘한 제목

먼저, 제목이 참으로 오묘하다. 나 같은 진기한 논문 사냥꾼
은 논문의 제목만 봐도 내용이 대충 짐작이 가는데, 이 '유방
진동'이라는 네 글자의 힘 앞에는 무조건 항복이었다. 이것이
'가슴의 출렁임'이었다면 깊은 맛이 느껴지지 않았을 것이다.
여기에는 '유방 진동' 이외에 어떤 표현도 있을 수 없다. 논문
의 제목이라는 것은 이렇게 학문의 향기를 진하게 풍겨야 한
다. 가령 '침이 떨어진다'라면 '타액 포물선 궤도', '머리가 벗
겨진다'라면 '모근 후퇴(감소) 현상', '기둥서방'이라면 '금전
적 여성 의존형 무직 남성'이라고 바꿀 필요가 있는 것이다.
　　또한 '주행 중의 브래지어 착용 시'라는 말에도 주목하자.
여기에는 '주행 중'과 '브래지어 착용 시'라는 두 가지 요소

가 들어 있다. 이 말은 '보행 중의 브래지어 미착용 시' '주행 중의 브래지어 미착용 시' '보행 중의 브래지어 착용 시' '주행 중의 브래지어 착용 시'라는 네 가지 조건 중에서 '주행 중의 브래지어 착용 시'를 문제로 삼았음을 말해준다. 그리고 이것은 '달릴 때는 브래지어의 위치가 어긋난다. 이 문제가 많은 여성을 괴롭히고 있다'는 의미다. 그러고 보면 최근의 조깅 열풍으로 달리기를 하는 여성이 늘어났는데, 그 여성들은 틀림없이 '어긋남 문제'로 남몰래 고민하고 있을 것이다. 따라서 이 논문은 그런 여성들의 고민의 원인을 해명하자는 지극히 순수한 동기의 고찰이기도 한 것이다(정말?).

브래지어는 어긋난다

그런데 남성인 나는 이 논문을 읽기 전까지 브래지어라는 것을 진지하게 생각해본 적이 없었다. 브래지어는 어디까지나 감상용이고, 그 안에 있는 꿈(가슴)을 지키는 수문장……이랄까, 그 너머로 보일락 말락 하는 그것을 더욱 매력적으로 연출하기 위한 존재에 지나지 않았다. 그러나 여성에게 그런 것은 어디까지나 부차적인 문제일 뿐이다. 여성들은 매일 착용하는 과정에서 크기가 맞지 않아 갑갑하다든가 느슨하다든가, 위치가 어긋난다든가 어긋나지 않는다든가, 이런 여러 문제에 직면하고 있는 것이다.

과학기술이 고도로 발달한 현대 일본에서 소중한 가슴을 지켜줘야 할 브래지어가 완벽하지 않다는 것은 큰 문제가 아닌가? 이것은 중대한 사태다. 도저히 좌시할 수 없다. 더 연구하라고!

브래지어 내부의 '가시화'

이 논문은 "인간 중심의 쾌적한 브래지어를 설계하기 위해서는 사람과 물건의 관계를 과학적으로 분석해 상호의 특성에서 얻을 수 있는 정보를 설계에 도입하는 이론의 구축이 필요하다"라는 충격적인 문장으로 시작한다. 그런데 '인간 중심의 브래지어'가 뭐지? '지구 중심의 브래지어'라든가 '동물 중심의 브래지어' 같은 게 있기라도 한 걸까? 이런 표현이 있다는 것을 나는 알지 못했다.

"특히 브래지어는 유방에 밀착되는 보조용 속옷이므로 브래지어의 표면 형상뿐만 아니라 컵 안의 유방 진동이나 브래지어와의 어긋남의 특성을 밝히는 것이 중요하다고 생각한다."

─중요한 것이었구나. "표면 형상뿐만 아니라"라고 말했으니 표면 형상에 관한 연구도 꼭 했으면 한다. 반드시 읽어볼 것이다.

"그러나 브래지어가 유방이라는 특수한 부분을 대상으로 한다는 점이나 브래지어 안의 유방의 동태를 파악하기 어렵다는 점 등에서…… 브래지어의 운동 기능성을 꾀하는 것은 어려운 과제로 생각되어왔다"라는 내용이 이어진다. 동태를 파악하기 어려운 정도가 아니라 안 보이잖아! 어려운 정도가 아니라 불가능하다고! 이것을 실현하려면 남성들의 평생의 꿈인 '투시 안경'이 개발되기를 기다리는 수밖에 없다고 생각했는데…… 이 연구자들은 달랐다.

"그래서 우리는 브래지어 컵을 분리해 그 기능을 유지하면서 가시화할 방법을 찾아냄으로써 브래지어 착용 시 유방의 3차원 편위偏位와 유방 진동을 연구했다."

─!!! 뭐라고!? 브래지어 컵이 분리할 수 있는 것이었어!? 아무래도 브래지어 컵이라는 것은 여러 소재를 조합해 만든 모양으로, 이 논문의 저자는 오랜 숙고 끝에 그 기능을 유지하면서 컵 안에 있는 가슴의 움직임을 자세히 확인할 수 있는 방법을 생각해냈다는 것이다. 어디까지나 연구를 위해. 학문은 '이랬으면 좋겠네'라는 꿈을 현실로 만드는 힘을 지니고 있는데, 대체로 부정한 마음을 가지고 있지 않은 사람이 그

힘을 발휘한다(라고 해두자).

이 논문은 위치가 어긋나지 않는 브래지어를 개발하기 위해 어떻게 하면 그것을 실현할 수 있을지 연구한 것이다. 이를 위해서는 아무래도 컵을 부착한 상태에서 컵 안의 가슴을 관찰할 필요가 있는 것이다. 불순한 의도는 털끝만큼도 없다(고 믿는다). 이것이 망상만으로 끝나는 우리와 필요성을 느끼고 구체적인 행동에 나서는 연구자들의 차이인 것이다.

유방 위의 마크?

"컵 부분의 장식부를 제거하고 마쿼젯Marquisette만 남겼다. 마쿼젯은 컵 부분의 늘어남 방지와 보강을 위해 덧붙이는 반투명 소재다. 마쿼젯만 남기자 컵 부분이 반투명이 되어 컵 안의 유방 위의 마크를 화상 계측할 수 있게 되었다."(원문 그대로)—이것이 이 논문의 저자가 생각해낸 방법이다.

여러분은 알고 있었는가? 마쿼젯만 남기면 컵 부분이 반투명이 된다는 사실을! 나는 몰랐다! 아니, 솔직히 '마쿼젯'이라는 소재의 명칭조차 처음 알았다. 반투명이 된다고 하니 애초에 그렇게 만들어주면 얼마나 좋을까 싶지만, 이것은 어디까지나 남자들의 생각일 뿐이다. 물론 마퀴젯만으로 만들면 단순히 섹시 속옷이 되어버린다. 브래지어에는 장신구로서의 기능도 추가되어 있는 것이다.

그리고 눈길을 끄는 기술이 하나 더 있다. 당연하다는 듯이 적혀 있어서 눈치 채지 못했을지도 모르지만, '유방 위의 마크의 화상 계측'이라는 기술이다. 유망 위의 마크라고? 응? 그런 게 원래 여성의 유방에 있었나? 아니, 적어도 내가 알기로는 그런 것은 없다. 그렇다면 대체 무슨 소리일까? 그렇다. 이 논문의 저자는 유방 위의 점 다섯 곳을 선택해 마크를 단 것이다! 대체 무엇을 위해? 물론 가슴의 출렁임을 육안으로 확인하기 위해서다. 나 같은 사람은 그저 출렁이는 가슴을 감상하는 것만으로 만족을 느끼겠지만 역시 연구자는 다르다. 그들은 가슴이 얼마나 출렁이는지를 구체적인 수치로 나타내야 하므로 이렇게 필사적으로 궁리를 하는 것이다.

논문의 저자는 CCD 카메라 두 대를 동원해서 이 다섯 마크를 0.1초 간격으로 좌표화해 진동의 폭을 측정했다. 참으로 기발한 측정 방법이다. CCD 카메라를 이런 식으로 쓸 수 있으리라고는 상상도 하지 못했다. 아마도 세계에서 가장 행복한 CCD 카메라가 아닐까 싶다.

그렇다면 실제로 이 방법을 이용해 어떤 여성의 유방 진동을 측정했을까?

"피험자는 20~26세인 표준 체형의 건강한 젊은 여성 11명이고, 유방 형상은 반구상半球狀을 띤 단단한 유방이었다."

—젊은 여성 11명의 가슴을 본다니, 의사라도 되지 않는이상 좀처럼 가능한 일이 아니다. 게다가 20~26세라면 내게는 말을 붙이기도 조심스러운 어린 아가씨들이다. 그런 아가씨들의 '반구상'을 확인했다고!? '단단함'은 또 어떻게 확인한 거야!? 단단하다는 것을 안다는 말은 어떤 가슴이 말랑말랑한지도 안다는 뜻이고, 나아가서는 어떤 가슴이 '보통'인지도 안다는 의미다. 이런 것은 확실한 데이터가 없이는 판별할 수 없다. 내 생각에 이런 것을 판별할 수 있는 민간 남성은가토 다카*라든가 초코볼 무카이**라든가 고故 야마시로 신고***같은 백전연마의 강자뿐인데, 그걸 알 수 있다는 것만으로도이분들의 대단함을 짐작할 수 있다. 행간에 참으로 많은 것이담겨 있는 기술이다.

"브래지어 컵의 사이즈는 B70이 6명, C70이 5명이고, (……) 전국 평균치와 유의미한 차이는 발견되지 않았다."

—뭐지, 이 적나라한 기술은!? 아니, 그보다 그쪽 방면에

---

* 일본의 전설적인 AV 배우. 현재는 방송인이자 저술가로 활동하고 있다. 출연한 AV 작품의 수가 15,000편이 넘는다고 한다.
** 1990~2000년대에 활동했던 일본의 AV 배우이자 AV 감독, 프로레슬러.
*** 일본의 배우이자 방송인, 영화감독, 영화 평론가. 여성 편력이 심했던 것으로 유명하다.

일본 가정학회지 Vol. 56, No. 6, 2005.

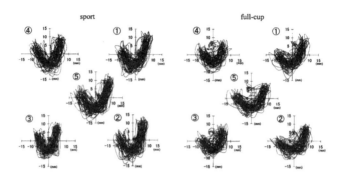

〈그림4〉 다섯 측정점의 30초간 진동 궤도
다섯 측정점(원 숫자)의 위치는 그림1을 참조한다.

어두운 나 같은 사람을 위해 전국 평균치를 가르쳐줬으면 좋
겠는데……. 뭐 어쨌든 B컵과 C컵인 분들의 단단하고 반구상
인 그것을 조사했다는 말이다.

세로 흔들림과 가로 흔들림

그러면 대체 어떤 실험을 했는지 살펴보자. 실험은 스포츠 브
래지어와 풀컵 브래지어의 두 종류를 대상으로 실시되었다.
브래지어에 그런 종류가 있었구나……. 단순히 풀컵 브래지
어만을 조사해서는 비교할 대상이 없기 때문에 그 출렁임이

큰지 작은지 알 수가 없다. 따라서 이른바 스포츠 브라를 착용했을 때의 출렁임과 비교해야 한다는 것이다.

그렇다면 '주행 중'을 어떻게 확인했을까? 실험 개시 후 2분 동안 달리게 하고 그 모습을 CCD 카메라로 촬영해 진동을 측정했다. 그랬더니 어떻게 되었을까? "30초에 37회의 상하 운동을 기록"했고, 이 사이에 "큰 진폭과 작은 진폭"을 반복했다고 한다! 30초에 37회! 이것도 머릿속에 새겨둬야겠다. 1초에 1회의 페이스보다 빠르다. 그리고 이 데이터를 통해 진동에는 규칙성이 없고, 스포츠 브라는 수직 방향(상하), 풀컵은 수평 방향(좌우)의 진동이 크며, 풀컵 브래지어가 좌우의 진동이 큰 탓에 '살'이 삐져나오거나 '어긋남의 총량'이 커짐을 알게 되었다.

가슴의 진동에는 가로 흔들림과 세로 흔들림이 있고, 이것은 브래지어의 모양에 따라 변화하는 모양이다. 여성 독자 여러분이라면 짚이는 부분이 있을 것이다.

이 연구에서는 이런 진동을 수치화하면서 어떤 형태의 브래지어를 착용하고 어떤 운동을 하면 어떤 진폭으로 유방이 출렁이는지를 다양하게 관찰했는데, 그 과정은 오로지 숫자와의 씨름이었다. 흥미가 있는 분은 꼭 논문을 읽어보기 바란다.

실생활에서 일상적으로 사용하는 복식 혹은 생활 잡화 등에 관한 이런 연구야말로 우리의 생활을 풍요롭게, 그리고 쾌적하게 만들어준다는 사실을 깨닫게 되는 논문이다. 그리고 속옷 제조 회사와 공동으로 이런 연구를 진행한 결과 브래지어는 나날이 진화하고 있다. 신상품 개발의 이면에는 이런 연구자들의 노력이 있음을 잊어서는 안 된다. '쾌적함의 뒷면에는 학문 있으리'인 것이다.

브래지어를 착용해봤더니……

그런데 브래지어를 착용하고 있다 보면 정말로 위치가 어긋나는지 궁금해 몇 안 되는 지인 여성 가운데 5명에게 물어봤다.

그중 2명은 전화로 이 질문을 했더니 바로 끊어버렸다. 성희롱으로 받아들인 모양이다. 불순한 생각은 전혀 없었는데!

나머지 3명은 어긋난다고 인정한 다음, "브래지어의 위치를 바로잡는 스타일은 사람마다 개성이 있다"라고 말했다. 브래지어의 끈을 손으로 바로잡는 사람이 있는가 하면, 브래지어의 위치를 바로잡고 있음을 다른 사람들이 깨닫지 못하도록 팔을 움직여서 수정하는 기술을 터득한 '상급자'도 있다고 한다. 남성들이 모르는 곳에서 그런 기술을 매일 연마하고 있는 여성들이 존경스럽게 느껴진다. 그것도 매일 해야 하니, 이 부분만 떼어놓고 봐도 여성은 남성보다 생각할 일이나 해야 할 일이 훨씬 많은 것이다.

그래서 이 '어긋남'의 존재를 몸소 체감하고 싶다는 학자 정신이 발동한 나는 최근 들어 화제가 되고 있는 '남성용 브래지어'라는 것을 입수해 착용해봤다. 구입한 제품은 핑크색과 하늘색의 두 종류로, 재질은 폴리에스테르 100퍼센트였다. 그리고 브래지어를 잡은 순간, 반들반들한 촉감에 마음이 행복해졌다. 어떻게 착용하는지 몰라 일단 셔츠를 입을 때처럼 위에서 뒤집어쓰는 식으로 입어봤는데, 고무 부분이 의외로 잘 늘어나 쉽게 착용할 수가 있었다. 이런 남성용 브래지어에도 남성이 쉽게 착용할 수 있도록 궁리한 연구자와 개발자들의 연구 성과가 활용되었음이 틀림없다.

착용한 직후에는 왠지 '신선한 기분'이 들었다. 30년 이상을 살아오면서 경험한 적이 없는 기분이다. 그리고 거울로 나 자신의 모습을 바라보니 기분이 묘해졌다. 왠지 평소보다 유두가 민감해진 것 같은 기분이 들었다. 완전히 '그 기분'이었다. '그렇군. 여장을 하는 사람들이 굳이 브래지어를 착용하는 이유는 그런 기분을 느끼기 위해서였어'라며 새로운 세계에 발을 내딛게 될 것 같은 감각이다.

그리고 그날, 브래지어를 착용한 채로 일을 하러 갔다. 출발할 때부터 가슴이 두근거렸다. 그러나 결과는 금방 나타났다. 집에서 나와 역에 도착했을 무렵에는 이미 브래지어의 끈이 내려와 있었던 것이다. 남자의 경우는 정위치가 확실하지 않은 까닭에 어긋났는지 아닌지는 바로 알 수 없지만, 브래지어의 끈이 내려왔는지는 바로 알 수 있다. 서둘러 브래지어 끈을 다시 올리고 아무 생각 없이 전철을 타자 왠지 브래지어가 가슴을 보호해주고 있다는 안심감이 느껴졌다. 가발을 쓰는 사람도 틀림없이 감각은 다를지언정 이런 '보호받고 있다'는 안심감을 느낄 것이다. 그리고 일터에 도착했을 무렵에는 확실히 위치가 어긋나 있었다. 그래서 황급히 화장실로 가서 위치를 바로잡았다. 이것은 남성이 팬티 속 '물건'의 위치를 바로잡는 작업과 비슷한지도 모른다.

아아, 여성은 참으로 피곤하겠구나. 스타킹의 올이 풀릴까 걱정하랴, 브래지어의 위치가 어긋나지 않을까 항상 신경 쓰랴, 여기에 화장까지 해야 하니 말이다. 그러나 그렇기에 더더욱 '내 몸은 소중해! 남자들이 쉽게 만지도록 허락할 수는 없어!'라고 통감하는 것이다.

세상의 여성 여러분, 늘 고생이 많으십니다. 브래지어의 위치가 어긋나면 부담 갖지 말고 말씀해주세요!

세상의 남성 여러분, 가끔은 브래지어를 착용해 여성의 고충을 느껴봅시다.

이런 남녀의 의식 차이도 깨닫게 해준 논문이었다.

제목의 묘미: 연구자의 긍지

혹시 '논문 제목들을 보면 알기 쉽게 지어도 될 것을 꼭 길게 풀어서 난해하게 짓는다니까'라고 생각하는 사람은 없는가? '세포의 연구'라든가 '공포에 관한 연구'라든가 '축구 선수의 연구'처럼 개괄적으로 말해주는 편이 훨씬 알기 쉬울 텐데……라고 느끼는 사람이 많을 것이다.

그러나 어떤 연구 논문에서 밝혀낼 수 있는 것은 한정되어 있다. 가령 '축구 선수의 연구'를 봐도 선수의 연령에 관한 연구인지, 육체에 관한 연구인지, 성격에 관한 연구인지, 국적에 관한 연구인지 등 무엇인가 주제가 있을 터다. 따라서 '축구 선수의 근육에 관해'라고 제목을 지으면 '육체 연구 중에서 근육에 관한 연구'로 한정된 논문임을 알 수 있다. 또한 '일본의 축구 선수의 근육에 관해'라고 지으면 국적도 한정되므로 '앞으로 독일 축구 선수나 브라질 축구 선수의 근육에 관한 연구도 하겠구나'라든가, 다른 방향으로 '일본 축구 선수의 연봉에 관한 논문을 쓰는 등 일본의 축구 선수를 다각도로 연구하겠구나' 같이 관련 연구도 상상할 수 있게 된다. 언뜻 난해해 보이는 긴 제목의 논문일수록 연구 대상을 구체적으로 한정함으로써 무엇을 연구했는지 알기가 용이한 것이다. "간단하게 설명하라고"라는 것은 그저 편하게 정보를 원하는 사람의 논리에 지나지 않는다.

내 수중에 있는 수집품 가운데 긴 제목의 논문으로는, 구마자와 미쓰마사(2006), 〈의자 좌위 작업 조건의 K사에서 일하는 여성 신입 종업원과 경험자의 직장 의식과 삶의 보람에 관한 연구〉,《욧카이치 대학 논집》19-1이라는 것이 있다.

'직장 의식과 삶의 보람'에 관한 연구를 하는 사람이 먼저 신입 사원과 베테랑 사이에 어떤 차이가 있는지를 비교한 논문일 것이다. 그중에서도 여성 종업원이라는 조건을 달고 'K사'라는 한 회사에서 조사를 실시했다. 또한 서서 하는 업무, 앉아서 하는 업무, 접객 업무 등에 따라 의욕이 달라질 가능성이 있으므로 '의자 좌위 작업 조건', 즉 앉아서 일하는 여성 종업원으로 한정했다. 알고 보면 이렇게 이해하기 쉬운 제목도 없는 것이다.

말미에 붙어 있는 '(2006)'은 발표된 연도이므로, 인용할 때 "구와자와(2006)"라고만 적으면 참고 문헌에서 정식 제목을 찾을 수 있다. 구와자와 씨가 2006년에 논문을 여러 편 썼을 때는 일반적으로 "구와자와(2006a)"라든가 "구와자와(2006c)" 같이 표기한다. 참고로 서적이나 잡지의 제목에는 《 》, 그 책이나 잡지에 실린 논문의 제목에는 〈 〉를 각각 사용하므로 이 규칙을 따르면 100년 후의 사람도 그 논문을 찾을 수 있다.

요미우리 자이언츠의 투수였던 구와타 마스미 씨는 석사 학위 취득자인데, 그 석사 논문의 제목은 〈'야구도'의 재정의에 따른 일본 야구계의 더 큰 발전책에 관한 연구〉였다고 한다. 여기에서 알 수 있는 점은 무사도나 다도처럼 그것에 '정신'을 쏟아 극한까지 단련한다는 의미의 '야구도'라는 것이 과거에 존재했고 오늘날 그것을 '재정의'함으로써 문제점과 배워야 할 점을 검토한다는 것, 그리고 현재의 야구계에 활용할 방법도 궁리한다는 것이다. 과거의 검토와 그것의 미래 운용이라는 두 가지가 이 논문에 담겨 있음을 읽을 수 있다. 논문의 제목만으로도 그 연구의 가치나 연구자의 자세를 알 수 있는 것이다.

또 논문 제목이 '길고 이해하기 어렵다'는 인식 외에 학자들이 '말을 너무 모호하게 해서 알아듣기 어렵다'는 비판이 있다. 글을 쓰든 말을 하든 "······일지도 모른다" "······일 가능성이 있다" "······로 생각한다" 같은 표현을 너무 자주 써서 '대체 무슨 말을 하고 싶은 거야? 명확하게 말하라고!'라는 생각이 든다는 것이다. 그러나 사실 그들은 명확하게 말했다. "······일지도 모른다" "······일 가능성이 있다" "······로 생각한다"라고 명확하게 말한 것이다. 다만 받아들이는 쪽이 그 안에 담겨 있는 연구자의 집념에 둔감할 뿐이다. 문과든 이과든 일단 학문의 세계에 발을 들여놓으면 연구는 논리이고 정확성이 중시되는 '과학'임을 깨닫게 된다. 100번을 실험했는데 딱 한 번 나온 현상이 세계를 바꿔온 역사를 연구자들을 모두 알고 있다. 또 99명이 "움직이는 것은 하늘이다"라고 말하던 시대에 단 한 명이 주장한 "움직이는 것은 지구다"라는 생각이 사실은 옳았음을 연구자들은 모두 알고 있다. 그렇기 때문에 1퍼센트라도 다른 가능성이 남아 있는 한 99퍼센트 확실하더라도 "A일 것이다. A일지도 모른다" "거의 A라고 말할 수 있다" "A일 가능성이 있다"라고 여지를 남긴다. 우수한 학자일수록 그렇게 한다. 논문에서는 단정하는 어조를 거의 사용하지 않는다. 자신의 주관으로 판단한 것이 아니라 사실을 바탕으로 도달한 결론이라는 의미에서 "······라고 생각한다"를 사용하고, 한쪽으로 치우치지 않는다는 의미에서 좋은가 나쁜가를 판단하지 않는다. 그것을 "대체 무슨 말을 하고 싶은 거야?"라고 비난하는 것은 폭력일 뿐이다. 다른 사람의 이야기에 귀를 기울이지 않는, 머리를 쓰지 않는 사람의 일방적인 주장이다.

그러므로 여러분은 연구자의 말투에서 엄밀함과 정확함을 중시하며 선입견을 갖지 않겠다는 그들의 자부심을 느꼈으면 한다. 그들은 항상 자신을 의심하는 사람들인 것이다.

연구자는 명확히 밝히고 싶은 것을 향해 연속적으로 논문을 쓴다. 따라서 논문 한 편은 '점'에 지나지 않지만, 그들은 장기적으로 '선' 또는 '면'을 만들겠다는 생각으로 논문을 쓴다. 그러나 문외한이 볼 때는 어디까지나 "……일 것이다"라든가 "……일 가능성이 있다"는 표현으로 가득한 흐릿한 점일 뿐이다. 이 점을 충분히 이해하기에 그들은 자신의 연구에 관해 함부로 이야기하지 않는다.

그리고 맥락 없이 그 '선'의 중간 부분만을 본 우리는 너무나도 엄밀하고 구체적인 제목에 '이게 뭐야? 장난치나?' '학자란 참 한가한 직업인가 보네'라며 자기도 모르게 웃음을 터트린다. 이것이 이상한 논문이 지닌 묘미다. 장난처럼 보일지 모르는 이상한 논문은 그런 전문가와 문외한의 열정의 차이가 현저하게 나타나는 지점에 존재하는 것이다.

열세 번째 논문

'탕파'에 관한
진기한 이야기

〈탕파의 형태 성립과 그 변형에 관한 고찰 I〉
이토 노리유키, 2007년, 《교리쓰 여자대학 가정학부 기요》 제53호

이런 사람이 있었다니!

이 논문을 보고 나는 탕파*를 연구하는 사람이 있다는 사실을 알게 되었다. 겨울에 이불 속에 넣어서 몸을 덥히는 데 쓰는 바로 그 탕파다. 이 논문을 발견했을 때 나는 '세상은 정말 넓구나'라고 생각했다. 그리고 '어렸을 때는 신동으로 불렸고, 우수한 성적으로 대학에 들어가 대학원에서 연구를 거듭하다 대학에 취직해 학생들을 상대로 강의하는 틈틈이 자신의 연구에 몰두하……. 그런 생활을 계속하다 머리가 이상해지는 사람도 있는 모양이구나'라고 상상했다. 그런 생각이 들 수밖에 없는 것이, 탕파를 연구해서 탕파의 전모를 밝혀낸다

* 湯婆. 뜨거운 물을 부어서 몸을 덥히는 용기. 일본에서는 유탄포라고 부른다.

한들 그래서 뭘 어쩌라는 말인가?

'1. 머리말'을 보면 연구 동기가 이렇게 적혀 있다.

"본 연구에 이른 동기는 지방에 갔을 때 시간 조정을 위해 들린 고도구 판매점(시마네 현 마스다 시)에서 탕파를 만나면서 시작된다."

뭐야, 완전히 개인적인 취미로 연구한 거잖아!

탕파라고 하면 지금은 친환경 상품으로 인식되고 있고, 다양한 재질의 제품이 나와 있고, 커버에 캐릭터가 그려져 있는 등 비교적 여성이 즐겨 사용하는 귀여운 제품도 있다. 물을 끓일 때를 제외하면 석유나 전기를 사용하지 않으면서 생각보다 오래 온기를 유지한다. 전자레인지로 데우는 유형도 있다. 겨울에는 뜨거운 물, 여름에는 얼음을 넣어서 사용하는 전천후 제품까지 있는 등 요즘 들어 매우 주목 받고 있는 냉난방 기구다.

그러나 이것은 그런 시류와는 전혀 상관없이 꾸준히 탕파를 연구하고 있는 분의 논문이다. 재능 낭비를 하고 계신 분이 또 이렇게……. 게다가 "……에 관한 고찰 I"이라니! II도 쓰실 생각인가! 나는 처음에 이렇게 생각했는데, 훗날 내 생각이 얼마나 짧았는지 알게 되었다.

지금 되돌아보면 이 논문을 만난 것은 운명이라는 생각조차 든다. 탕파에 숨어 있었던 의외의 수수께끼. 그리고 왜 다

른 무엇도 아닌 탕파인가……. 나와 탕파 연구자의 이야기가
지금부터 시작된다.

수수께끼의 도구, 그것이 탕파!

하루가 다르게 변화하고 있는 생활기기. 베타나 VHS* 비디오
플레이어도 100년 뒤에는 무엇에 쓰는 도구인지 알 수 없게
될 것이다. DVD도 그렇게 될지 모른다. 물론 과거의 생활기
기 중에도 이와 같이 요즘 사람들에게는 '무엇에 쓰는 물건
인고?'라는 생각이 드는 '수수께끼'의 도구가 존재하는데, 사
실은 그것이 '탕파'였음이 이 논문을 집필한 이토 선생의 연
구를 통해 밝혀졌다.

  '뭐? 이게 탕파였어?'라고 놀랄 만큼 상상조차 하기 어려
운 형태의 탕파가 있던 모양이다. 예를 들면 도금된 동제銅製
개 조형물처럼 생긴 탕파가 있다. 착탈이 가능한 개의 귀가
나사 방식이어서 외국에서 온 물건이고 쓰나요시**가 애용한

---

* 베타(정확히는 베타맥스)와 VHS는 모두 비디오테이프의 규격으로, 베타는 소니가,
VHS는 JVC가 내놓았다. 이 두 규격의 치열한 표준 경쟁은 매우 유명한데, 결국 VHS가
승리했다. 그러나 현재는 VHS도 DVD와 블루레이에 밀려 일상에서 거의 사용되지 않
게 되었다.

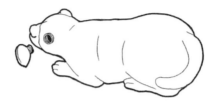

이에미쓰의 탕파

이에야스의 탕파

물건으로 추정되어 왔는데, 이토 선생은 그 탕파가 보관되어 있는 곳을 근거로 이에미쓰***의 물건이 아닐까 추론했다. 또 이에야스의 유품인 사방침 모양의 탕파는 잘 때 쓰는 물건이

---

* 도쿠가와 쓰나요시. 에도 막부의 제5대 쇼군. 개를 좋아했으며 살생을 금지하는 칙령을 발표한 것으로 유명하다.
** 도쿠가와 이에미쓰. 에도 막부의 제3대 쇼군. 지방 영주들을 정기적으로 에도로 불러들여 볼모로 잡아둠으로써 반란을 견제하는 참근교대参勤交代 제도를 의무화했다.

아니라 겨울철에 집무실에서 이용한 것으로 생각되고 있는데, 이토 선생은 이것도 조사했다. 문헌상 최초의 탕파는 중국에서 건너왔고 '의료품'의 역할도 했다고 한다.

다양한 마니아가 있는 골동품 업계에서도 '탕파'를 모으는 사람은 좀처럼 없는 모양이다. 모으는 사람이 없다는 말은 체계화되지 않았다는 의미이므로 장르 전체를 부감할 수 있는 사람도 없다. 그런 상황에서 이 '탕파' 연구가 이토 선생이 등장했다. 지방의 골동품 판매점이 '묘하게 주둥이가 작은 꽃병'으로 분류했던 것을 "이것은 탕파입니다!"라고 특정하는 등 전국에서 수집한 탕파 컬렉션을 이 논문에서 선보였다. 그야말로 마니아의 자랑이라는 측면도 겸비한 논문인 것이다.

이토 선생은 가정학부 교수다. 탕파는 분명 생활 기기의 일종이므로 가정학 분야임에 틀림이 없지만, 이 연구 동기와 컬렉션을 보면 그런 것과 상관없이 오직 순수함과 열정만으로 달려온 연구임을 알 수 있다. 이 아마추어리즘이야말로 지극히 학문다운 모습이다.

연구 방법은 '해외를 포함해 각지의 탕파를 수집하는' 방법으로 탕파의 '형태 성립과 그 변화'를 추적하는 것이었다. 철저하다. 골동품 마니아임을 감안해도 철저하다. 그런데 외국에도 탕파가 있나? 또 자료 수집의 경우는 원 소유자, 사용했던 지역, 수집지를 최대한 조사한 듯하다. 그 탕파의 내역을 조사하는 것은 분명히 매우 중요한 일이겠지만, 그걸 어떻게 조사해야 할지를 생각하면 정신이 아득해질 것 같은 작업이다. 이렇게 해서 이토 선생이 수집한 컬렉션은 가고시마부터 홋카이도까지 일본 전국의 탕파는 물론이고 외국의 탕파까지 300점이 넘는다(외국에도 탕파도 있었구나!). '탕파 박사'가 탄생한 것이다. 아니, 박물관에 있는 탕파에 대해서도 조사와 청취 조사를 실시한 것을 보면 박사라기보다 '탕파 탐정'이라고 할 수 있겠다.

사라진 탕파

이토 선생은 조사를 거듭하는 가운데 어떤 사실을 깨달았다. 탕파가 일본의 역사에 처음 등장한 시기는 무로마치 시대다. 분메이* 18년(1486년)에 손발 마비나 발의 냉증에 '탕파'를 사용했다는 기록이 있다. 이것이 '사카이'**에 있었던 것으로 확인되었으므로 처음에는 중국을 경유해 의료 기구로서 전래했음을 알 수 있었다. 그리고 앞에서도 이야기했듯이 에도 막

---

* 무로마치 시대의 연호. 1469년부터 1487년까지다.
** 오사카 부 북부에 위치한 도시. 당시 해외 무역의 거점이었다.

부의 제1대 쇼군인 도쿠가와 이에야스, 제3대 쇼군인 이에미쓰도 사용했다는 역사적 사실이 있다. 일반 시민에게까지 보급되었을지는 의문이 남지만, 어쨌든 무로마치 시대에서 에도 시대 초기에는 이미 탕파가 존재했다.

그런데 그 뒤로는 메이지 시대가 되어서야 탕파가 다시 등장했다. 나쓰메 소세키가 1881년에 '탕파'라는 말을 사용한 하이쿠를 지었고("가신 어머니 탕파가 식은 지도 벌써 12년")《한눈팔기》*(1915)에도 탕파가 나오는 것을 보면 그 무렵에는 상당히 일반적이었을 것이다. 그러나 삼라만상 3,900종의 생활품을 그림으로 남긴 가쓰시카 호쿠사이**의 '호쿠사이 만화'나 방대한 숫자의 우키요에를 살펴봐도 탕파로 보이는 물건은 발견되지 않는다. 이것은 참으로 이상한 일이다. 자료에 남아 있어도 전혀 이상하지 않을 이 탕파가 에도시대 중기부터 후기에 걸쳐 역사에서 완전히 모습을 감춘 것이다!

그래서 탕파 탐정은 국내의 자료가 아닌 외국의 자료를 살펴보기 시작했다. 쇄국 정책을 실시하던 시대에 몰래 일본에

---

* 원제는 《道草》. 한국에서는 《길 위의 생》이라는 제목으로도 출판되었지만 현재는 절판되었다.
** 에도 시대 후기의 우키요에 화가. 3만 점에 이르는 작품을 남겼고, 빈센트 반 고흐 등 인상파 화가들에게 영향을 끼쳤다.

와 있던 외국인들이 일본의 생활용품에 관해 무엇인가 기록을 남기지 않았을지 조사한 것이다. 그러나 일본을 방문한 지볼트*가 면밀하게 남긴 일본에 관한 자료에도, 그리고 메이지시대 초기에 5,000점에 이르는 도자기를 수집한 미국인 에드워드 모스의 컬렉션에도 탕파는 존재하지 않았다! 기록이 전혀 남아 있지 않은 것이다! 어째서일까!?

이와 관련해 이토 선생이 이 논문에서 말한 한마디는 연구의 참다운 즐거움을 단적으로 상징한다.

"탕파의 수수께끼는 점점 더 깊어져갈 뿐이다."

와~, 수수께끼가 더 깊어졌대! 신난다~. ……가 아니라, 이게 대체 무슨 소리야? 탕파의 수수께끼를 조사해서 밝혀낸 논문이 아니었어!?라고 나도 모르게 태클을 걸고 싶어지지만, 진정하고 생각해보자. 알려고 한 결과 모르는 것이 늘어나는 무의미한 노력 패턴. 그러나 대부분의 학문은 이 '알기 전보다 모르는 것이 늘어난다'는 역설에 홀려 있다. 우주 연구든, 양자 역학이든 조금 알게 됨으로써 또 다른 '수수께끼'가 몇 배 이상 생겨난다. 인류는 이것을 반복하는 가운데 그래도 연구를 멈추지 않고 진화해왔다. 이 언뜻 논문에 남겨서

---

* 독일의 의사이자 박물학자. 일본에 최신 서양 의학 정보를 전했고, 그가 남긴 수많은 생물 표본과 그림은 일본의 생물에 관한 중요한 연구 자료가 되었다. 〈은하철도 999〉의 등장인물인 메텔의 모델로 알려진 구스모토 다카코의 할아버지이기도 하다.

는 안 될 것 같은 "탕파의 수수께끼는 점점 더 깊어져갈 뿐이다"라는 말의 이면에서는 새로운 수수께끼와 만났을 때 학자가 마음속 깊은 곳에서 느끼는 기쁨이 전해진다. 여기까지 읽고 나는 웃음을 터트리면서도 뭔가 심상치 않음을 느꼈다. 무엇인가와 진지하게 마주하는 사람의 힘을 느낀 것이다.

여기부터가 '탕파 투어'의 시작이다. 그래서 "⋯⋯에 관한 고찰 I"인 것이다.

아마도 지금은 꽃병이나 술병으로 생각되고 있는 것이 사실은 탕파로 사용되었을 가능성도 높고, 탕파의 역사는 아직 완전히 정리되어 있지 않다. 그리고 선생은 이 '탕파가 왜 사라졌는가?'라는 수수께끼에 관해 다음과 같은 하나의 가설을 세웠다. 소세키 등이 태어난 시대의 일본산 탕파는 오히려 '영국제 탕파'와 모양이 유사했는데(뚜껑에 나사가 사용되었다는 점에서), 이것을 보면 한때 귀중품이었거나 의료 기구로서 중국에서 수입되었지만 사라졌던 '탕파'가 서양을 경유해서 다시 일본으로 건너와 '수입품'으로서 받아들여진 것이 아닐까? 이런 가설이다. 그리고 철도망이 정비됨에 따라 각지의 가마에서 대량 생산되어 드디어 메이지 시대 초기에 일반 시민들에게 유통되었다. 이 시점에 소세키가 하이쿠를 지었고, 이후에는 마사오카 시키 등의 시인도 탕파를 빈번히 소재로 삼았다.

그렇다면 도쿠가와 이에야스나 이에미쓰가 사용했던 탕
파는 어떨까? 이토 선생은 이에미쓰가 사용했던 개 모양 탕
파의 '마개'가 역시 '나사 형식'이라는 것을 증거로 이 탕파
가 서양을 경유해서 쇼군에게 헌상되었다고 말한다. 그렇다.
당시 아시아에는 나사라는 문화가 없었던 것이다! 이런 것도
가정학 교수가 아니면 알 수 없는 점이리라. 연구자로서 자신
의 모든 지식을 동원해 이 '탕파'라는 틈새 장르의 해명에 임
하는 열정을 느낄 수 있는 부분이다. 즉, 무로마치 시대에는
중국을 경유해서 들어왔지만 에도 시대에는 서양에서 수입
되었을 가능성이 있다.

그리고 이 가설에 따르면 왜 지볼트나 모스의 자료에 기록
이 남아 있지 않은지 설명된다. 서양에서 수입된 물건이었으
므로 지볼트나 모스는 전혀 흥미를 느끼지 못했다. 그래서 기
록으로 남기지 않은 것이다.

뭐지, 이 미스터리는!? 진기한 논문 사냥꾼으로서 이럴 때
만큼 행복한 순간은 없다.

탕파에 홀린 사내의 이야기는 그 뒤로도 계속된다. 이토
선생은 2011년에 대학을 정년퇴임했는데, 그때까지 〈탕파
의 형태 성립과 그 변화에 관한 고찰〉을 모두 5편 발표한 것
이다. 재직 연구자로서 마지막 10여 년 동안 대체 뭘 하신 거

지!? 이분 도대체 정체가 뭐야!?

탕파의 수수께끼는 점점 더 깊어져갈 뿐이다.

이렇게 해서 나는 2011년에 이토 선생을 만나러 가게 된다.

이토 선생과의 접촉

이 탕파 연구 논문을 TBS 라디오에서 소개하자마자 TBS 라디오 방송국에 봉서封書가 도착했다. 이토 선생이 보낸 것이었다. 아무래도 이토 선생은 방송 후 지인으로부터 "라디오에서 자네의 탕파 논문을 소개했다네"라는 정보를 들은 모양이었다. 그리고 팟캐스트*에서 그 방송을 듣고 TBS 라디오 앞으로 그 후 발표한 논문과 탕파 컬렉션의 컬러 사진을 보낸 것이다. 라디오의 경우도 팟캐스트와 같이 다시 들을 수 있는 방법이 있다는 것은 나 같은 사람에게 매우 고마운 일이다. 이렇게 본인과 직접 접촉할 수 있으니 말이다.

이 일을 계기로 나는 이토 선생과 직접 접촉하는 데 성공해 이메일을 주고받게 되었다. 여담이지만, 이토 선생이 보낸

---

* 인터넷에서 다운로드받아 들을 수 있는 방송. 아이팟iPod+방송Broadcast이라는 이름의 유래에서도 알 수 있듯이 본래 아이팟을 위한 방식이지만 다른 플랫폼에서도 들을 수 있다.

이메일의 제목에는 '탕파, 이토'라고 적혀 있었다. '탕파 이토가 누구지? 새로 등장한 코미디언인가?'라고 생각했지만, 연세가 일흔이 넘은, 탕파 이외의 연구도 하고 계실 대가이시라는 점을 생각하면 나를 향한 배려가 담긴 제목임을 알 수 있다.

그 후 선생으로부터 지금까지 쓴 칼럼 등의 자료도 받게되었다. 골동품 마니아들이 읽는 《골동연기장》이라는 잡지에 라디오에서 소개된 일을 다음과 같이 쓰셨다.

"탕파 연구의 파문."
지금까지 내 강의는 많이 지루한지, 오늘은 잡담도 없이 조용히 강의를 듣고 있구나 싶으면 대부분의 학생이 책상에 엎드려 자고 있을 때가 종종 있었다. 그러나 라디오에서는 핵심을 이해하고 흥미가 느껴지도록 재미있게 소개해줬다.

선생은 굉장히 기뻤던 모양이다. 그러나 역시라고 해야 할까, "자고 있을 때가 종종 있었다"라는 부분에서 왠지 모를 비애가 느껴졌다. 다만 이런 우스갯소리를 할 수 있을 만큼의 마음의 여유는 있는 듯하다.

나는 결심을 굳히고 "괜찮으시다면 직접 뵙고 선생님의 컬렉션을 구경하고 싶습니다"라는 이메일을 보냈다. 그러자 선생으로부터 이 해 봄(2011년 3월)에 37년 동안 몸담았던 교리쓰 여자대학을 정년퇴임하고 컬렉션을 자택으로 옮겨놓았는데, "아직 정리가 되지 않아 보여줄 수 있는 상태가 아닙니다"라는 답장이 돌아왔다. 음…… . 이건 간접적인 거절인가? 하긴, 어디 사는 누구인지도 모르는 인기 없는 코미디언이 사정도 잘 모르면서 그저 흥밋거리로 여기고 있을 뿐인데 자신의 보물을 그렇게 선뜻 보여줄 리가 없지. 좀 더 신뢰를 쌓지 않으면…… . 70세라고 하면 내 머릿속에서도 정년퇴임하신 지도 교수님들의 얼굴이 떠오른다. 그분들이 살아온 세월의 절반도 살지 못한 나 같은 애송이가 막 들이대도 되는 군번이 아니다. 그분들은 이 나라의 학문의 여명기를 떠받친 전설의 세대다…… .

자기반성은 자기반성대로 하면서 이곳저곳에서 이 논문을 꾸준히 소개하다 보니 선생으로부터 다시 연락이 왔다. 컬렉션의 정리를 마친 모양이었다. 이메일에는 이렇게 적혀 있었다.

"탕파 전용 전시실이 있는 것은 아니고, 딸아이의 아틀리에를 일부 이용했습니다. 딸아이는 빨리 치우라고 하는데, 오신다면 기다리겠습니다."

딸아이는 빨리 치우라고 한다니! 이것은 가족의 이해를 구하지 못한 패턴 아닌가! 가족들에게는 잡동사니 취급을 받는 모양이다. 그렇다면 서둘러야 한다. 선생이 계속 눈칫밥을 먹게 해서는 안 된다. 이렇게 해서 2011년 5월, 나는 선생의 자택을 찾아가게 되었다.

이토 선생과 만나다

지식의 거인 이토 노리유키 선생은 일류 학자들이 대개 그렇듯이 차분하고 자신이 먼저 말을 꺼내지 않는 분이었다. 사람은 아는 것이 많아질수록 입이 무거워져 안이하게 말을 하지 않게 된다. 상대가 물어본 것에 대해서만 대답하려 한다. 그러나 일단 입을 열면 봇물을 터트리듯이 이야기를 시작하며, 자신의 연구를 이해해줄 것 같은 젊은이에게는 필요 이상의 에너지를 쏟는다.

자택에 도착하자 왼쪽에 창고와 같은 공간이 있었다. 그곳은 조각가인 따님의 아틀리에였다. 그런데 이메일에 "딸아이의 아틀리에를 일부 이용했습니다"라고 적혀 있었던 것과는 달리 실제로는 탕파가 아틀리에를 거의 점령하고 있었다. 수집한 탕파가 약 140개나 되다 보니 오히려 따님의 작품이 '일부'였다. 이래서는 빨리 치우라는 말이 나올 수밖에 없다. 이바라키 현의 창고에도 선생의 탕파 컬렉션이 250개 정도 있다고 하니, 현재 컬렉션의 수는 400개가 조금 못 되는 수준이다. 정년퇴임을 할 때 대학에 기부하겠다고 제안했지만 대학에서 사양했다고 한다. 뭐지, 이 인생의 아웃사이더 같은 느낌은!? 나는 뒷모습이 쓸쓸해질수록 학술적 가치는 높아지는 것이라고 멋대로 생각했다.

도착해서 아직 자기소개도 제대로 못했는데 "먼저, 이 탕파 3개가 제가 처음 만난 탕파입니다"라는 설명이 시작되었다. 조용히 듣고 있었더니 그대로 거의 140개에 이르는 탕파 전체의 해설에 돌입했다. 〈탕파의 형태 성립과 그 변화에 관한 고찰 I~V〉에 나온 그 시대를 대표하는 스타급 탕파들이 지금 한곳에 모여 있다! 이름하여 탕파 올스타즈! ……내 눈에는 그렇게 보였다. 완전히 탕파 이토 선생의 마술에 걸린 것이다.

선생은 2008년에 발표한 〈II〉편에서 깊어진 탕파의 수수께끼에 도전했다. 1712년의 《와칸산사이즈에》*에 탕파가 기재되어 있는 것을 발견해 그 형상과 가공 기술을 바탕으로 제작 연대를 오래된 순서로 정리하고, 에도 시대의 미노 지방에서 발굴된 도자기 중에 탕파로 보이는 것이 있음을 발견해 직접 복원했다. 이처럼 선생은 탕파에 병적으로 빠져들고 있었다.

---

* 에도 시대 중기에 편찬된 백과사전.

2009년의 〈III〉편에서는 서양의 탕파의 기원을 찾아 열원이 다른 난방 기구를 널리 조사하고 그것들이 서양 회화에 어떻게 묘사되어 있는지 치밀하게 조사해 발표했다. 논문을 읽으면 '설마 탕파가 서양에서 이렇게까지 진화했을 줄이야······'라는 경악스러운 사실이 가득 펼쳐진다. 선생은 메이지 시대에 사용된 탕파는 서양에서 전래됐다는 설을 제창했다. 앞에서 이야기했듯이 나사식 뚜껑이 사용되었다는 점이나 가공 기술이 영국제와 매우 유사하다는 점이 이 설을 지지해준다. 렘브란트나 페르메이르의 그림 속에도 탕파(서양에서는 '풋워머')가 등장한다. 〈우유를 따르는 여인〉은 많은 사람이 봤을 유명한 그림인데, 그 그림의 오른쪽 아래에 있는 탕파의 존재를 눈치 챈 사람은 거의 없을 것이다. 선생은 어째서인지 회화의 역사에도 해박하다.

2010년에 발표한 〈IV〉편에서는 소재와 가공이라는 관점에서 에도 시대 초기와 메이지 시대 초기의 탕파의 제작 과정, 즉 '어떻게 만들었는가?'를 좀 더 상세히 밝혀냈다. 〈I〉편에서도 소개되었던 도쿠가와 이에야스의 탕파는 술을 담는 술병과 모양이 비슷하며 술병에 뜨거운 물을 담아서 몸을 녹이는 문화도 있었다는 데서 탕파를 술병의 파생종으로 위치시키기도 했다.

그리고 정년인 2011년에 발표한 마지막 논문에서는 '마사오카 시키의 하이쿠를 통해'라는 부제대로 서민의 생활을 생생하게 묘사하고 우리와 친근한 대상을 노래한 시키가 1885년부터 1902년 사이에 지은 하이쿠 약 23,600편 가운데 난방 기구를 소재로 한 103편을 모아 탕파의 등장이 어느 시대에 확고해졌는지 조사하는, 그야말로 전후 사정을 모르는 사람에게는 이게 뭔가 싶은 최고의 연구 결과를 보고했다. 이쯤 되면 이미 문학 연구가 아닌가? 이와 같이 거인은 장르조차 가볍게 넘나든다.

탕파, 고타쓰, 화로, 난로……. 난방 기구도 열원과 형상, 용도의 차이에 따라 다양한 종류로 분류된다. 먼저 이런 난방 기구들을 전부 훑어본 다음 탕파를 위치시키는 넓은 시야가 돋보인다. 가족이 봤을 때는 '이 사람이 정말 뭘 하는 거지?'라는 생각이 들겠지만.

아틀리에에는 이 논문 5연작에 사진으로 실려 있는 탕파들이 빼곡히 나열되어 있었다. 무심코 넘어가기 쉬운데, 논문의 사진을 보면 소장 정보에 '저자 소장'이라고 적혀 있는 것이 많았다. 요컨대 직접 구입했다는 말이다. 전국의 고도구 판매점, 도자기 공방에서 '이건 무슨 용도로 만들어진 거지? 꽃병인가?'라며 용도 미상인 채로 팔리고 있었던 것도 많다고 한다. 탕파라는 장르에 한해서는 선생이 골동품 업계에서도 일인자인 듯했다. 하나하나가 선생이 직접 발품을 팔며 고도구 판매점과의 정보망을 구축한 결과 입수할 수 있었던 시간과 노력의 산물인 것이다. 완전히 탕파 마술에 걸린 나는 눈앞에서 펼쳐지는 탕파 올스타들의 꿈의 제전에 흥분을 감추지 못했다. 선생도 나의 열기를 느꼈는지 열심히 설명해주셨다.

그중에서도 인상 깊었던 것은 이에미쓰의 탕파에 관한 설명이었다. 개 모양을 한 구리 용기였던 까닭에 개를 좋아하기로 유명한 제5대 쇼군 쓰나요시의 것으로 여겨왔는데, 선생이 그림을 보고 이것은 탕파가 아닐까 추측했다. 그리고 탕파에는 눈곱만큼도 관심이 없는 학생들에게 이런 것이 있다고 강의를 했는데, 그 그림을 본 적이 있다는 학생이 나타났다. 이야기를 들어보니 그 학생이 초등학생 시절에 요쓰야오쓰카라는 학원에서 역사 수업을 받을 때 자료로 봤다는 것이었다. 그러자 선생은 놀랍게도 그 요쓰야오쓰카 학원의 강사를 찾아내 그림에 그려진 구리 용기가 어디에 있는지 물어봤다고 한다. 그리고 닛코의 린노 절에 있다는 사실을 알아내자 직접 린노 절에 가서 실물을 보여 달라고 부탁했다. 궁금한 것을 알기 위해서라면 지구 끝까지도 찾아가는 이 '집착'이야말로 연구자의 본질이리라. 선생은 실물을 봤을 때의 기분을 담담한 어조로 이야기했지만, 얼굴에서는 웃음이 넘쳐흐르고 있었다. 흥분을 감추지 못하는 것이 그대로 느껴졌다.

설명을 듣는 도중에 사모님께서 차와 과자를 가져오셨다. 나는 "사모님께서는 어떤 탕파를 좋아하시나요?"라고 물어보자 사모님은 아무 말 없이 고개를 가로저을 뿐이었다. 그 표정을 보니 더는 물어볼 수가 없었다. 가족 중에도, 그리고 대학에도 이해해주는 사람이 없지만 이토록 흥분하며 연구를 계속하는 사나이. 이런 사람은 좀 더 높은 평가를 받아야 한다. 누군가가 기뻐한다든가 쓸모가 있다든가 하는 '불순'한 동기로 연구를 하는 것이 아니기 때문이다. 이것은 이미 인간의 '업'이다. 순도 높은 '보케'다. 우리는 그 귀중함을 알아야 한다.

이노 노리유키의 정체

그런데 왜 탕파인가? 역시 이 의문을 풀어야 한다.

이 의문에 답하기 위해서는 이토 노리유키 선생의 연구자로서의 인생을 되돌아볼 필요가 있다. 다음은 본인에게 직접 물어본 내용과 본인의 저작 등을 바탕으로 정리한 것이다. 탕파라는 주제와는 관련이 없는 이야기로 보이겠지만 결과적으로는 전부 탕파로 이어지니 읽어보기 바란다.

이토 선생은 먼 옛날에 대학을 졸업하고 도시바에서 공업 디자이너로 일했고 뉴욕에서도 활약한, 요즘 식으로 말하면 '폼 나는' 직업을 가진 사람이었다. 이 시점에서 상당히 의외이지만, 선생의 작품 중에서 유명한 것으로는 후지필름 배구 팀의 유니폼(가와이* 등이 입었던 바로 그 유니폼이다!), 패션 브랜드 'SHIPS'의 로고 디자인(SHIPS의 로고를 탕파 탐정이 디자인했다니!), 냄비 등도 수납할 수 있는 식기 건조기 등이 있다. 여기까지 읽은 독자 여러분은 '정말이야? 생각보다 훨씬 대단한 사람이었잖아!'라며 선생의 실력을 인정할 수밖에 없어졌을 것이다.

그뿐만이 아니다. '가정학'이라는 장르에서 '생활 디자인'을 정의한 인물 중 한 명이고, 디자인을 가정학이라는 장르에서 학문적으로 다루려 한 첫 세대다. '○○학'의 성립에 관여한 선생이 있다는 것이 이 세대 연구자의 대단한 점이다.

또한 국제 우키요에 학회의 이사이자 우키요에를 약 300점 소장한 우키요에 박사이기도 했다! 자택에 도리이 기요나가, 가쓰카와 슌초, 가쓰시카 호쿠사이, 우타가와 히로시게의 우키요에가 있는 것이다. 그러나 정말 무서운 것은 그

---

* 가와이 슌이치. 일본 국가대표로 활약했던 배구 선수. 은퇴 후 비치발리볼 선수로도 활약했고, 현재는 일본 비치발리볼 연맹 회장이자 방송인, 배구 해설자 등으로 활동하고 있다.

우키요에 컬렉션의 라인업이다. 나 같은 문외한은 우키요에를 수집한다고 하면 특정 화가의 작품을 모으나 보다 하고 생각하기 마련인데, 선생은 '아스카 산'이라는 모티프를 그린 우키요에만을 수집하는 유일한 인물이다. 요컨대 '같은 대상을 다른 사람이 그리면 어떻게 되는가?', 혹은 '다른 각도에서 그리면 어떻게 되는가?'에 흥미를 느끼는 것이다.

선생이 디자인뿐만 아니라 그림에도 해박하다는 사실은 서양 회화에 등장하는 탕파의 묘사를 일람한 〈탕파의 형태 성립과 그 변화에 관한 고찰 Ⅲ〉에서도 알 수 있었지만, 설마 우키요에 수집가였을 줄이야! 그것도 이사라니! 미술사나 회화사 연구를 하는 사람이라면 몰라도 가정학 선생이 이렇게까지 우키요에에 해박한 것은 조금 의외다.

게다가 선생은 패션 플레이트라는 서양 여성의 패션을 그린 그림의 수집가로서도 일인자였다. 패션 플레이트는 '앞으로 유행할 패션 정보를 전하기 위한 그림'으로서 18세기 영국과 프랑스의 복장을 그린 자료다. 19세기에 성숙기를 맞이했고 20세기가 되자 잡지 등이 등장하면서 사라져갔다. 쉽게 말하면 '패션 판화'이고, 요즘으로 치면 패션 잡지다. 선생은

---

* 도쿄 도 기타 구에 있는 공원. 에도 시대에 조성되었고 벚꽃 명소로 유명하다. 이름은 산이지만 일본 국립지리원의 지형도에 실려 있지 않을 만큼 낮다.

《패션 플레이트로의 초대》라는 책도 출판했는데, 그 책에서 패션 플레이트와 만난 계기를 다음과 같이 밝혔다.

1977년 가을, ICSID(국제 공업 디자인 단체 협의회)의 회의에 출석하기 위해 아일랜드의 더블린에 갔다가 우연히 회의장 근처에 있는 고도구 판매점에 들어갔는데, 구석에서 옛날 신문과 잡지 더미를 발견했다. 그 더미를 뒤지다 보니 표지는 떨어져 없어졌지만 가죽으로 장정된 책 한 권이 나왔다. 그 책에는 인그레이빙 기법의 판화 도판 100장 정도가 철이 되어 있었다······.

여러분도 눈치 챘는가? 이분, 초범이 아니었던 것이다. 학회에 참가하기 위해 방문한 곳의 고도구 판매점에 '우연히' 들어갔다는 것은 그 후에 탕파를 만난 계기와 일치한다. 참으로 한결같은 분이다.

패션 플레이트의 디자인과 존재에 매혹된 선생은 순식간에 '패션 플레이트 마니아'가 되었는데, 우키요에와 마찬가지로 이런 것들을 수집하면서 터득한 기술이 탕파 연구에 전부 집약되었다.

또 선생의 학자로서의 자부심을 느끼게 하는 일화도 있다.

선생은 38세라는 젊은 나이에 요절한 천재 화가 '아이미쓰'가 1926년에 그린 유화를 우연한 계기로 입수했다. 그래서 그 그림이 진품임을 증명하기 위해 아이미쓰를 연구하는 학예원과 상담했는데, 같은 시기에 그려진 것이 없어서 판단할 방법이 없다는 답변을 받았다. 이에 선생은 온갖 증거를 수집해 그 그림이 진품임을 증명하려 노력하고 있다(아직 인정은 받지 못했다. 일단 결론을 내면 아무리 확실한 증거가 제시되어도 번복하지 않는 것이 학예원의 특성이라고 한다).

지금쯤 독자 여러분도 깨달았겠지만, 선생이 손대는 연구 대상은 아직 다른 사람에게 '발굴되지 않은 것'이거나 '다른 사람과는 다른 관점에서 정리할 수 있는 것'이다. 이는 선인의 연구 성과를 중시하면서 반드시 새로운 것, 아직 다른 사람의 손이 닿지 않은 것, 수수께끼가 남아 있는 것 등을 연구한다는 연구자의 자세에서 자연스럽게 만들어진 결과다. 그리고 디자이너를 거쳐 학자로서 수많은 연구와 개발을 해온 가정학의 제일인자가 현역 교원으로서의 마지막 10년을 바친 대상이 아직 일본 국내에서 제대로 체계화되지 못했으면서 동서양의 미술사 지식과 디자인 연구를 통해 배양한 견지가 필요한, 고도구 판매점조차 그런 장르가 있음을 깨닫지 못한 '탕파'였던 것이다.

패션 플레이트도 그렇고 탕파도 그렇고 본인은 '우연히' 고도구 판매점에 들어갔다고 썼지만, 사실은 지방이나 외국에 갈 때마다 시간이 나면 수없이 고도구 판매점을 찾아갔을 것이 틀림없다. 그렇게 수십, 수백 번에 걸쳐 안테나를 펼치고 탐색을 하다가 어느 날 자신의 취향과 학술적 가치에 정확히 부합하는 연구 대상을 만난다. 어떤 의미에서 보면 탕파와의 만남은 이토 선생의 필사적인 노력이 있었기에 가능했던 일일 것이다.

그런 선생에게 "탕파의 매력은 뭔가요?"라는 매우 단순하면서도 답이 없을 것 같은 질문을 장난치듯이 슬쩍 물어봤다. 그러자, "동일한 기능에 다채로운 변형이 있다는 점이지요"라는 대답이 돌아왔다. 참으로 오묘한 대답이다. 너무 오묘해서 금방 이해가 되지 않는 사람도 있을지 모른다. 말씀을 듣고 보니 탕파는 분명히 일본 전국의 가마에서 구워지고 있는지 실로 수많은 형태가 있다. 길쭉한 것부터 삼각형에 가까운 것, 가벼운 것, 30리터는 들어가는 큰 것, 물을 넣고 빼는 주둥이의 위치 등 그야말로 다양한 형태의 탕파가 있다.

"대량 생산의 과정을 거치는 디자인은 반드시 패션화의 길을 걷는다."

선생의 저서에 나오는 일설이다. 이것은 탕파, 나아가서는 가정학뿐만 아니라 모든 장르에 적용되는 이야기가 아닐까? 소비되어가는 것은 기능이 동일하더라도 다양한 변형이 생긴다. 휴대전화, 스마트폰, 컴퓨터, 이어폰, 자동차, 자전거, 모터사이클, 시스템키친, 청소기, 신문…… 이 세상에서 인간이 생산하고 소비하는 모든 것이 그렇다. 동일한 기능에 다채로운 변형이라는 대답에는 그런 의미가 숨어 있다.

물론 선생은 공업 디자이너로서 이미 텔레비전, 냉장고, 세탁기, 선풍기, 청소기, 시스템키친 등을 디자인한 경험이 있다. 그리고 연구도 하고 있다. 그러나 아직 누구의 손도 닿지 않은 채 남아 있는 장르를 찾아내는 것은 가장 어려운 일이다. 학문이란 '물어서 배우는' 것이므로 무엇을 물어볼지를 찾아내기가 가장 어려운 것이다. '탕파'는 선생이 마침내 찾아낸 질문이었다.

동일한 기능에 다채로운 변형. 이것은 모든 학문에 통용된다. 나도 취미로 국어사전을 모으고 있는데, 그 이유가 바로 이것이다. 사람들은 "그런 작은 차이에 집착하다니……"라고 말한다. 그러나 차이에 크고 작음은 없다. 다르다는 것 자체가 이미 커다란 사실이다. 게다가 선생은 '역사의 한 시대에 분명히 존재했는데 아직 누구의 손에도 닿지 않은 것'을 제대로 골랐다. 세계적으로 탕파를 탐색하고 다른 난방 기구와의 비

이토 선생의 자작 탕파

교를 통해 이 연구를 한 가지 학문의 종착점으로 삼았다.

가장 흥미로운 점은 그 일련의 탕파 연구를 거쳐 스스로 '이상적인 탕파'를 만들었다는 것이다. 선생은 탕파를 입수하면 반드시 직접 사용해봤다. 몇 시에 섭씨 몇 도의 물을 넣으면 다음날 아침 몇 시에는 섭씨 몇 도가 되는지 측정해 데이터를 남겼다. 그리고 뜨거운 물이 잘 식지 않는 형상을 궁리해 마침내 타진* 모양의 탕파를 만들었다. 선생의 이야기로는 이 형태일 때가 가장 열이 도망가지 않기 때문에 디자인은 제쳐놓고 기능의 측면에서만 보면 최고의 탕파라고 한다.

연구, 분석, 분류, 고찰, 새로운 것의 개발이라는 일련의 흐름은 그야말로 학문의 극치다. 공업 디자이너로서 사람들이 실제로 사용하는 물건을 다뤄온 선생답다고 할 수 있을지도 모르지만, 새로운 수수께끼를 찾아내 새로운 것을 제안할 수 있을 때 학문은 비로소 숙원을 이룬다. 예측하기도 어려운 좌충우돌 인생을 살아온 것처럼 보일지 모르지만, 이토 선생의

---

* 뚜껑이 원뿔 모양으로 생긴 모로코의 냄비.

내부에서는 모든 것이 연결되어 있는 것이다.

이렇게 해서 나는 선생과의 대면을 마치고 돌아갔다. 약 4시간이 내게는 눈 깜짝할 사이로 느껴질 만큼 순식간에 지나갔다.

정년퇴임 후 이토 선생은 현재 연구 활동을 계속하면서 짬이 나면 아이미쓰가 그린 샤쿠지 강의 풍경을 유화로 그리고 계신다. 그런데 이것이 일본 미술 전람회가 주최한 전람회에서 입선했다고 한다. 소설도 쓰고 계신다.

선생님, 취미가 너무 많으신 거 아닙니까!

지적 호기심의 열기는 탕파와 마찬가지로 어지간해서는 식지 않는다.

코끼리의 등은 넓다.

이것이 현시점에서의 탕파에 관한 진기한 이야기다.

이토 선생

'논문이란 올바른 사실을 말하는 것'이라고 생각하는 사람이 많지 않을까? 물론 연구를 하는 본인은 올바른 사실을 추구하며 또 쓰려고 한다. 그러나 애초에 연구란 '잘 모르는 것'이나 '감각적으로 알고는 있지만 확실한 증거가 없는 것'을 어떻게든 알아내려고 하는 작업이므로 반세기, 아니 10년 뒤에는 "그 연구는 잘못되었다"라는 말을 듣게 될지도 모른다. 교과서나 책에 실린 내용이 훗날 뒤집어지는 일도 종종 있다.

기껏 한 연구가 사실은 잘못되었는지도 모른다. 그렇다면 사람들은 왜 연구를 계속하는 것일까?

누구나 대학에 갈 수 있는 시대가 된 지도 꽤 오랜 시간이 지났는데, 대학 학부생까지의 공부는 거의 '확정되었다고 생각되는 것'을 외우는 작업이기 때문에 학부 졸업 후 사회로 진출하는 사람은 학문의 진짜 재미를 거의 맛보지 못한 채 학업을 마치는 경우가 많다. 이것은 참으로 안타까운 일이다. 학문의 재미는 '모르는 것'에 어떻게 맞서느냐에 있다. 학부까지의 '외우는' 작업은 이때 필요한 지식을 쌓는 체력 훈련이라고 할 수 있는데, 그렇다면 22세 정도가 될 때까지 줄곧 '기초 연습'만 한 셈이 된다. 요컨대 '실전'의 재미를 모르는 채로 끝나는 것이다. 최근에는 졸업논문을 쓰지 않아도 졸업시켜 주는 대학이 늘어난 까닭에 '거의' 확정된 사실을 열심히 외우는 것이 학문이라고 오해하는 사람도 있다.

그러나 이 책에서 소개했듯이 매우 친근한 주제로도, 별다른 쓸모가 없는 것으로도 얼마든지 연구하고 논문을 쓸 수 있다. 연구란 엔터테인먼트다. 이것이 나의 주장이다. 무엇보다 연구하는 본인이 가장 흥분하고 즐거워한다. 여기에 뜻이 맞는 동지도 있으면 위대한 수수께끼를 앞에 두고 이렇게 저렇게 생각하면서 토론하는 '과정'과 '결과'의 재미가 있다.

답을 암기하는 것이 아니라 어떤 질문을 할지 궁리하고 그 질문에서 배운다. 한 번이라도 시험을 출제하는 쪽이 되어보면 보이는 풍경은 완전히 달라진다.

그리고 연구는 어디에서나 할 수 있다. 대학에 소속되어 있지 않아도 할 수 있다. 내 할아버지는 나라奈良에서 불상을 연구하고 책까지 내셨는데, 금전적으로 여유가 없었기 때문에 은행원으로 일하면서 독자적으로 활동하셨다. 도쿄에 사셨던 또 다른 할아버지도 외국어와 외국 문학을 열심히 연구하셨는데, 역시 금전적으로 여유가 없어서 은행원으로 일하면서 묵묵히 연구를 계속하셨다. 두 분 모두 누가 시켜서 하신 것이 아니다. 그저 당신이 좋아서 하신 것이었다. 관련 학회에 소속되면 논문은 투고할 수 있고 목적의식을 공유하는 동지도 생긴다. 사실 대학의 선생도 학생들을 가르치면서 틈틈이 연구를 계속한다는 점에서는 큰 차이가 없다. 연구란 애초에 독자적인 활동인 것이다.

꾸준히 연구해 알게 된 사실을 조금씩 쌓아나간 결과 새롭고 확실한 사실을 말할 수 있게 된다면 그보다 즐거운 일은 없다. 그 즐거움을 맛보기 위해 아무도 이해해주지 않지만 꾸준히 연구를 계속하는 사람들이 있다. 이 책에서 소개한 논문과 선생들은 두말할 필요도 없이 그런 '순도 높은' 결과물이다.

최근 들어 실험 성과의 날조와 도용이 문제가 되고 있는데, 이것은 물론 있어서는 안 되는 일이다. 다만 논문이 오류가 있다는 이유로 비난해서는 안 된다. 틀린 이야기를 하는 논문은 많다. '모르는 것'을 어찌어찌 연구한 결과 "여기까지는 알았습니다"라고 보고하는 것이 논문이기 때문이다. 설을 검토해 결국 잘못되었음을 안 것만으로도 가치가 있다.

탕파 이토 선생과의 이야기에는 후일담이 있다. 선생과 만난 일을 여기저기에서 소개했더니 신기하게도 그와 관련된 정보가 저절로 모여들었다. 내게도 탕파에 관한 정보가 들어오기 시작했다. 그러나 이토 선생은 어느 날을 계기로 탕파에 관해 완전히 침묵하게 되었다.

어느 날, 선생으로부터 "탕파 연구를 정리한 책은 이제 그만 출판할 겁니다"라는 이메일이 왔다. 나는 혹시 내가 무슨 심한 결례를 범했나 싶어 무슨 일이시냐고 물었다. 이야기를 들어보니, 어느 지방 자치 단체에서 주최하는 전시회의 팸플릿에 사용된 사진이 전부 선생이 저서에서 소개해온 것들이었다고 한다. 그 전람회에서는 선생의 연구 결과를 마치 공유 저작물(퍼블릭 도메인)인 양 취급했다. 해설자를 맡은 B씨는 선생이 탕파 연구에 착수했을 무렵에 만난 인물이었다. 그때 선생은 B씨에게 연구 경위를 설명했는데, 얼마 후 모 탕파 제조 회사의 책자를 보고 깜짝 놀랐다고 한다. 그곳에는 선생의 연구 결과가 출처도 없이 나와 있었던 것이다. 그 일을 계기로 선생은 연구 경위를 정확히 알리기 위해 연구 기요에 정리했다고 한다. 당연한 말이지만, 연구를 할 때는 선행 연구와 함께 자료, 참고 문헌, 인용 문헌을 명시하면서 고찰한 결과를 제시해야 한다. 선생은 이러한 연구 규칙을 일깨우기 위해 그 인물에게 논문을 보냈다. 그런데 그는 선생의 뜻을 이해하지 못하고 오히려 탕파 전시회에서 그 연구 결과를 인용한 것이다. 도록의 참고 문헌 끄트머리에 논문명이 기재되어 있기는 했지만, 이것은 참고가 아니라 무단 인용이다. 이런 인물이 있다는 것도 문제이지만, 제대로 알아보지도 않고 그런 인물을 기용한 쪽 또한 문제가 있다. 특히 이번에는 그곳이 지방자치단체라는 것도 문제다.

연구만을 떼어놓고 봐도 10년 이상, 그 연구에 이르기까지의 과정을 생각하면 반평생에 걸쳐 조사했다고 해도 과언이 아닌 성과를 베껴서 마치 자신의 것인 양 행세하는 사람들이 있다. 수십 년에 걸친 타인의 노력을 단 몇 분 만에 자신의 것으로 만든다. 그것이 규칙을 모르는 사람들이다. 언론에도 연구 과정이 아니라 결과만을 가로채려 하는 사람들이 있다. 결과만을 소개하는 것이 대체 무슨 의미가 있단 말인가? 논문을 쓴 사람이 무슨 생각을 했는지, 어떤 목적의식을 가지고 있는지 등 '사람'에게 초점을 맞추지 않으면 결과의 해석도 달라지는데 말이다.

세상 사람들은 대부분 그것을 누가 처음 말했는지, 어떤 전문가가 있는지 따위는 알지 못한다. 스스로 알아보려고 하지도 않는다. 목소리가 큰 사람이 그것을 마치 자신의 공적인 양 떠들어대면 그런가 보다 하고 무비판적으로 받아들인다. 이번 일은 이러한 세태를 상징하는 사건이라는 생각이 든다. 나도 경험한 적이 있지만, 연구 성과를 널리 알리고 싶어 밖으로 나오는 사람은 그 성과를 도둑맞는 일도 많다.

선생의 분노는 슬픔으로 바뀌었다. 그와 싸울 생각도 하지 않았다. 아직도 연구하고 싶은 것이 산더미처럼 많은데 시간이 아깝다고 생각했으리라. 이렇게 해서 선생은 입을 다물었다. 그리고 앞으로는 다쓰오 씨의 소개가 아니면 언론에 모습을 드러낼 생각이 없다고 말씀하셨다. 이 말을 들은 나는 선생의 '탕파 연구'를 책으로 내서 이것이 얼마나 기상천외하면서도 위대한 연구인지를 세상에 널리 알리는 것이 지금 내게 주어진 사명이라고 생각했다.

이토 선생은 현재 교리쓰 여자대학의 명예 교수로 계신데, 최근에도 제자로부터 선생의 편저인 《생활 디자인의 체계》를 그대로 베낀 논문이 있다는 연락이 있었다. 심지어 저자는 논문에 익숙하지 않은 학생이 아니라 모 대학의 교수였다. 그 논문의 부제는 '컴퓨터 시대의 디자인'이었는데, 왠지 기묘함이 느껴졌다. 말 그대로 요즘 같은 컴퓨터 시대에는 이런 베끼기가 금방 들통이 나게 되어 있는 것이다. 선생은 그 논문의 어디에도 참고 문헌이나 인용 문헌으로 선생의 문헌이 기재되어 있지 않은 것을 보고 할 말을 잃었다고 한다. 목소

리가 큰 사람들이 선생의 업적을 자신의 것인 양 가로채려고
하고 있는 것이다. 이런 일이 있어서는 안 된다.

진기한 논문에는 그것으로 얻을 수 있는 물질적인 이익이
없는 대신 순도 높은 열정이 가득 담겨 있다. 연구를 이야기
할 때 정작 그 연구를 한 '사람'은 소외되는 경향이 있는데,
나는 가급적 논문의 내용뿐만 아니라 그 논문을 쓴 사람이 있
고 그도 여러분과 같은 인간임을 실감할 수 있도록 의식하며
이 책을 썼다. "저쪽 동네에는 참 별난 사람도 다 있네"라고
웃는 것도 좋지만, 이 책을 통해 '저쪽 동네' 사람의 기분을
이해하고 '저쪽 동네'의 시각으로 '이쪽 동네'의 풍경을 바라
봤을 때의 재미를 조금이라도 이해하는 사람이 생긴다면 그
보다 기쁜 일은 없을 것이다.

취미로 시작한 논문 수집을 발표할 자리를 마련해주신
TBS 라디오 '아라카와 교케이 데이 케치!'의 오사다 유키에
프로듀서, 메일 매거진에 도움을 주신 고분샤의 모리오카 씨,
이 책을 세상에 내보내주신 가도카와 학예 출판의 아사다 에
리코 씨, 그리고 자료를 저장해주신 시라이 나쓰코 씨에게 진
심으로 감사의 인사를 전한다.

또한 논문을 소개해도 화내지 않고 오히려 고마워해주신

선생님들, 인용을 허락해주신 선생님들과 학회 여러분에게 진심을 담아 고마움을 전한다.

'이상한 논문'의 연구, 이것은 나의 평생의 작업이므로 앞으로도 최대한 계속 소개하고 싶다. 이 책이 논문이나 연구가 딱딱하고 어려우며 재미없다는 이미지를 조금이라도 불식한다면 참으로 멋질 것이다.

2015년 3월
산큐 다쓰오

이 책을 펼치기 전에 역자가 받은 인상은 '오, 웃긴 책인가 보다'였다. 제목은 '이상한 논문'에, 저자는 코미디언이고, 표지의 일러스트도 어딘가 성인 코미디물 같은 느낌이었다. 그러나 책을 읽는 사이에 옮긴이의 첫인상이 반만 맞고 반은 틀렸음을 알게 되었다.

이 책에는 공원에 앉아 있는 커플을 관찰한 논문, 불륜을 저지르고 있는 남성의 심리를 연구한 논문, 가슴의 출렁임과 브래지어의 어긋남을 연구한 논문, 일본에서 탕파의 역사를 탐구한 논문 등 자칭 진기한 논문 수집가인 저자가 수집한 특이한 소재의 논문들이 수록되어 있다. 그리고 저자는 코미디언답게 입담을 발휘해 이런 논문들을 재미있게 소개한다. 그러므로 '웃기는 책'이라는 예상은 틀리지 않았다.

그러나 한편으로 이 책이 단순히 '웃긴 책'일 것이라는 생각은 틀렸음도 알게 되었다. 저자는 논문을 소개하면서 농담과 태클로 독자의 웃음을 유발하지만 논문을 쓴 연구자의 열정까지 웃음거리로 삼지는 않는다. 아니, 농담 속에서도 그들의 열정에 대한 애정 어린 시선과 경의가 느껴진다. 또한 칼럼을 따로 마련해 이런 '이상한 논문'들이 만들어지는 이유를 설명하고 이 논문들을 어떤 시선으로 바라봐야 할 것인가에 대한 방향을 제시했다. 바로 이런 부분이 이 책의 진정한 가치가 아닐까 싶다. 이렇게 유쾌한 웃음과 지적 만족감이라는 두 마리 토끼를 잡을 수 있었던 데는 코미디언이면서 일본어학 석사이고 대학에서 강사로도 활동하고 있는 저자의 독특한 경력이 큰 역할을 했을 것이다.

이 책에 소개된 논문 중 옮긴이가 가장 좋아하는 것은 '고양이의 치유 효과'를 연구한 일곱 번째 논문이다. 옮긴이는 고양이라면 정신을 못 차리기에 행복한 기분으로 번역할 수 있었다. 한편 합병 전에 긴테쓰 팬이었던 사람들을 추적한 아홉 번째 논문을 번역할 때는 한때 BS 채널로 일본 야구를 보며 긴테쓰 버팔로즈를 응원하기도 했던 사람으로서 복잡 미묘한 심정을 감출 수가 없었다. 또한 여덟 번째 논문과 열한 번째 논문은 일본어를 모르면 이해하기가 어려운 내용인데, 연구 논문의 내용이기에 임의로 현지화를 하는 것은 적절치 않다고 생각해 그대로 번역하되 역주로 이해를 돕는 쪽을 선택했다. 그리고 옮긴이의 관심을 가장 끈 것은 가슴의 출렁임을 연구한 열두 번째 논문……이 아니라, 탕파를 연구한 마지막 논문이었다. 이유는 다른 논문에 비해 분량이 많기 때문이기도 하고, 왠지 유독 진지하다는 인상을 받았기 때문이었다. 그 이유는 후기에서 밝혀지는데, 책을 읽으면서 저자가 이토 선생의 열정에 푹 빠져든 것도 무리는 아니라는 생각이 들었다. 옮긴이 역시 이토 선생의 열정에 존경심을 느꼈고 연구 성과를 도용당한 것에 안타까움을 느꼈다. 부디 저자를 통해서라도 계속 연구 성과를 발표하셨으면 하는 마음이다.

후기에서 저자는 이 책을 쓸 때 가급적 논문의 내용뿐만 아니라 그 논문을 쓴 사람이 있고 그 사람도 여러분과 같은 인간임을 실감할 수 있도록 의식했다고 밝혔다. 출판 후 인터뷰에서는 사람들이 논문을 쓴 연구자에게 흥미를 느꼈으면 좋겠다는 말도 했다. 실제로 이 책에서는 사람 냄새가 진하게 난다. 일단 옮긴이는 저자의 의도가 성공했다고 평가하는데,

독자 여러분은 어떻게 판단할지 궁금하다.

세상은 넓고 (우리가 보기에) 이상한 논문은 앞으로도 계속 나올 것이다. 이 재미있는 책의 후속편을 조만간 볼 수 있게 되기를 바라 마지않는다.

2016년 3월이 코앞으로 다가온 어느 날

옮긴이 김정환

옮긴이 김정환

건국대학교 토목공학과를 졸업하고 일본외국어전문학교 일한통번역과를 수료했다. 21세기가 시작되던 해에 우연히 서점에서 발견한 책 한 권에 흥미를 느끼고 번역의 세계로 발을 들였고 현재 번역 에이전시 엔터스코리아에서 출판기획자 및 일본어 전문 번역가로 활동하고 있다. 공대 출신의 번역가로서 공대의 특징인 논리성을 살리면서 번역에 필요한 문과의 감성을 접목하는 것이 목표다. 야구를 좋아해 한때 imbcsports.com에서 일본 야구 칼럼을 연재하기도 했다.

옮긴 책으로는《난 감동이 필요해》《살아 있는 동안 꼭 읽어야 할 46권의 교양 고전》《한 권으로 읽는 핵심삼국지》《10세부터 배우는 상대성 이론》《미국 대통령의 거짓말》《바다의 아시아 1》《힘의 백과사전》《평전 스티브잡스 VS 빌게이츠》《유니크 파워》《기상천외한 마케팅수업》《보틀넥》외 다수가 있다.

이상한 논문

ⓒ 산큐 다쓰오, 2016

초판 1쇄 인쇄일 2016년 3월 25일
초판 1쇄 발행일 2016년 4월 1일

지은이   산큐 다쓰오
옮긴이   김정환
펴낸이   정은영
책임편집 임채혁

펴낸곳   꿈지락
출판등록 2001년 11월 28일 제2001-000259호
주소   04083 서울특별시 마포구 성지길 54
전화   편집부 (02)324-2347   경영지원부 (02)325-6047
팩스   편집부 (02)324-2348   경영지원부 (02)2654-7696
이메일   inmun@jamobook.com

ISBN 978-89-544-3555-0 (03100)

이 도서의 국립중앙도서관 출판예정도서목록(CIP)은 서지정보유통지원시스템 홈페이지(http://seoji.nl.go.kr)와 국가자료공동목록시스템(http://www.nl.go.kr/kolisnet)에서 이용하실 수 있습니다.(CIP제어번호: CIP2016006751)